創意技法
設計思考攻略

沈翠蓮　著

五南圖書出版公司 印行

作者序

　　創意是流暢力、變通力、獨創力、精密力和敏覺力等五力綜合體，創意技法是成就創意的武林祕笈，有了創意技法將提供創意飛舞變幻的魔法世界。善用創意技法的工具、技巧、方法和架構，創意就在轉換機制和拋灑點子間，充滿驚探和驚歎的奧妙。人類文明的邁進和文化的領略，有了創意技法，持續探索未知世界的器物、現象、策略和規範，賦予更多前進現實世界的積極動力，繼而產生源源不斷的世代傳承。掌握創意技法，擁有創造世界具體需求和想像未來。

　　本書副標題設計思考攻略，則是列舉許多應用設計思考模式的成功案例。期待由創意技法所提供的策略思維，能以廣博資訊和現場踏查了解創意需求實況，展以同理心體會不同使用者需求，定義創作意義或服務目標，發想精妙創意技法，付諸實際行動創作原型作品，練習試驗作品可行性，更接近使用者需求的市場性、科學性和藝術性，驗證設計思考的脈絡。

　　本書共八章，主要分成三部分，第一部分包括感覺和創意、知覺和創意引線、後設認知和創意解題等三章；第二部分包括SCAMPER的創思與實例、蓮花綻放法的創思與實例等二章；第三部分包括屬性列舉法的創思與實例、型態分析法的創思與實例、NM類比法的創思與實例等三章。本書三部分，主要是從基礎學習創意技法的起點，由身體的感覺、大腦的知覺和整合後設認知，讓身體五感創意轉變認知創意，加乘N次方創意知覺構築創意環感解題（第一、二、三章），學習本書第一部分章節，將賦予初探創意技法的自我感。接著，進階學習創意技法的鷹架，練習美國和日本專家提出老少咸宜卻大方端正的創意技法（第四、五章），作為即

時創意解題的法寶。最後，應用學習創意技法的步驟，熟練學者教授、太空科學家和實務發明家研發出來的創意技法（第六、七、八章），追隨大師步履前進無邊際思考和實作，那麼要研發創新產品再也不是難事。本書每章最後設計「創意挖新知報導」，挖掘最具創意設計思考實證性產品設計或服務策略，以「創意賣味練習曲」，提供發明家、設計家的作品和發想關鍵字，提供讀者在聚斂或擴散思考後做創意設計練習。本書最後，配合八章教學單元，附錄十個練習作業單，分為基礎級、進階級和應用級作業單，提供師生腦力激盪，個人或團隊討論作業單成果，或許創作有可能是經典之作。

　　本書第一部分，專為初次學習創意技法者而寫。第一章感覺和創意，提出感覺藏在有感的身體，從視覺、聽覺、嗅覺、味覺和觸覺等五感，5W2H的W祕方，加上說明感覺、知覺、創意和想像的學術定義，提供創意和想像練習題，期望感覺可從簡單創意技法找到創意。第二章知覺和創意引線，說明知覺藏在大腦轉運站，知覺引線轉接器提供水平思考，包括六頂思考帽和心智圖的探究實例，垂直思考的四個創意發想輔助表格，作為知覺創意養成的轉接能力，並以案例圖示，說明如何銜接知覺和創意解題引線。第三章後設認知和創意解題，從直擊後設認知的案例和祕方，理解外在訊息如何理解、監控、轉化和檢索出新創意，用以說明創意問題解決的案例和祕方，得知如何架構創意問題、發想點子、準備行動和評估方案展現創意，最後，提出創意問題解決步驟的練習，挑戰自己創意產出的能量。

　　本書第二部分，專為挑戰學習創意技法者而寫。第四章SCAMPER的創思與實例，由七個英文單字字首集結成「SCAMPER飛馳法」，經由這七個簡單創意方法的應用公式和案例，分享智慧

佛珠Leap Beads為案例檢核對照，接著以台中宮原眼科變身為糕餅鋪為案例檢核對照，以及SCAMPER的創作實例，提供另類創意設計思維。第五章蓮花綻放法的創思與實例，闡述蓮花綻放法從核心主題，延伸構想、外移構想、動態發想，即可成為一個有創意作品，輔以蓮花綻放法應用九宮格圖譜，再依照創作步驟和掌握關鍵要點，即可發揮創意思維和實踐創意。本書第二部分，經由跨越挑戰創意簡單易學的SCAMPER和蓮花綻放二個創意技法，將可進化創意金腦學習樂趣。

　　本書第三部分，專為應用學習創意技法者而寫。第六章屬性列舉法的創思與實例，說明屬性列舉法是由美國大學R. P. Crawford教授，提出舊瓶裝新酒、老梗換新裝的創意技法。然而，熟稔建置屬性列舉方法和創作步驟，即可就單一改造項目，畫龍點睛為創新服務或產品設計，孕育產生多樣化新風貌。第七章型態分析法的創思與實例，敘明型態分析法是由曾任職美國太空總署的科學家I. F. Zwicky所提出，探索型態分析法的基本概念和KJ法關聯性，介紹型態分析法的創作步驟和關鍵因素，分享型態分析法的創作實例，認識到如何應用型態分析法創作步驟，到實際完成型態創作的應用。第八章NM類比法的創思與實例，創始人日本的發明家中山正和先生，提出NM類比法是移植新想法的祕方，透過人、事、境、物和大自然類比，即可賦予創作物新發想，找到發展創意的脈絡，就可開發創新產品或服務策略。

　　本書附錄為「創意賣味MY WAY 10 KEYS」，是作者從事教學創意技法近二十年來，經常使用的作業單。作者設計這十份創意賣味單，包括基礎級四份作業單、進階級三份作業單、應用級三份作業單，全部作業單配合八個教學單元進行設計。師生可以進行個別作業或團隊小組腦力激盪討論作業，無論是自由聯想或邏輯思維的

激盪創意，寫下創意點子在作業單，就可以產生意想不到的想像作品點子和具體實踐，燃起火紅專注和熱情洋溢的賣味 & MY WAY。

　　這本書的產生，是作者醞釀近二十年的教學創意相關課程，帶領學生參加全國創意競賽的實務經驗，經由多年努力不懈鑽研國內外研發的創意技法，積極參與國內外學術研討會，深度參與親至芬蘭和奧地利，學習創意實務與實作，以及擔任無數場次創意競賽評審，無論是自慢或是急踱步觀察生活日常的現象變化，深感如果能以繪圖多、案例多、激勵聯想點子多，少悶、少繞、少糊在學習創意技法，輔以實用性系統設計思考理念的創意技法，對於推動創意的普及性、進步性和跳躍性，會更有幫助。所以，本書特點即是彙整創意技法，輔以圖、例、技、法多，希望教師上課可以使用最好用的圖例、最新穎的創意案例、最實用的創意技法和最易帶領學生發想的作業單，讓教授創意可以零距離接觸卻全方位開展創意；學習者學習創意技法，無論是開發好用作品產出，參加創意競賽點擊突破性創意觀點，均可易懂、易知、易學書中圖譜和文字，轉化為有用的產品設計或服務策略。期待本書傳遞的創意技法能從生活著眼，簡易出發到創意收割，學習開拓屬於自己和他人共享的創意世界。

　　本書歷經多年構思和三年寫作時間，感謝所有給予我完成本書力量的人、事、物、境。特別感謝五南圖書出版公司黃文瓊副總編輯與陳念祖副總編輯的鼓勵和執念出版事宜、李敏華小姐非常細心協助編輯出版、陳奐均和王婷宜協助繪圖、謝和學與謝和蕙協助蒐集資料編輯資訊，還有許多修課同學、好友、同事和家人等聚心聚力，方得以完成本書的寫作，希望讀者能夠與我共同享受創意世界，感受生活的美妙變幻義理，以及生命的無窮樂趣。

目錄　CONTENTS

目錄　CONTENTS

創意技法
設計思考攻略

第一章
感覺和創意

經典、驚喜
&
驚探、驚嘆

當我們與外在變動的世界有些交集時，欣喜、錯愕、悲傷、困頓等感覺一個個出來時，我們就想試著去解決問題，這種感覺，會帶來許多驚奇的創意產生。本章共分三節，第一節是感覺藏在有感的身體，主要從視覺、聽覺、嗅覺、味覺和觸覺等五感，期望產生有感的知覺創意；第二節是有感覺：W祕方，可從5W2H（WHO、WHAT、WHY、WHEN、WHERE、HOW、HOW MUCH）出發找感覺，期望感覺是可以由簡單方法找到創意；第三節是感覺和創意祕方，說明感覺、知覺、創意和想像的學術定義，並舉出實例和創作步驟，說明如何從感覺、知覺、想像到創意表現，提供創意和想像練習題，以及可能創意表現之作品。

01 感覺藏在有感的身體

請運用書中的視覺、聽覺、嗅覺、味覺和觸覺舉例五感的創意技法，作創意聯想和設計思考。

02 有感覺：W祕方

請運用書中的5W2H的WHO、WHAT、WHY、WHEN、WHERE、HOW、HOW MUCH等創意技法，作創意聯想和設計思考。

03 感覺和創意祕方

請運用書中的圖畫和案例，以好玩的心情，作創意聯想和設計思考。

✔ 創意挖新知報導

✔ 創意賣味練習題

拉鍊開瓶器 的創意啟示錄
· · · · · · · · · · ·

人生有很多省力的方法，感覺拉不過去，可以換個施力點和創意器物，感覺會更順暢。

一、藏祕保鮮盒：看看心理測驗的圖像

羅夏克墨漬測驗（Hermann Rorschach test）是瑞士精神科醫師赫曼·羅夏克在1921年發展的人格測驗（Wiki, 2021），個體透過眼睛看10張心理測驗圖，包括5張是白底黑墨水、2張白底墨水加上紅點和黑墨水紅點、3張彩色墨水所組成的10張，有點神祕抽象的墨漬卡片圖像，從個體第一次投射意識是什麼，和後來又覺得是什麼的回答歷程，判斷人格特質。羅夏克醫師這些不規則圖案，可以引發大腦的特定活動和感知能力，所以觀察者執行墨漬測驗，不僅須注意受試者說出來的圖案是什麼，更須判讀受試者是如何定義圖像。如圖1.1「觀察羅夏克墨漬測驗」，透過眼睛看到墨漬測驗圖像，經由大腦再感知意象，很可能變成公共藝術雕塑作品或是酒瓶標籤。

▲ 圖1.1　觀察羅夏克墨漬測驗

羅夏克墨漬測驗是一個用眼睛看，卻可以看出人的內心世界性格的視覺直覺反應測驗，當眼睛這個「視」感官，不斷探索外在環境，將視覺看到什麼，直接表達出來，有助於產生聯想力的「視知覺」培養。創意就在視知覺培養過程中，產生各種流暢力、變通力、獨創力、精密力和敏覺力的創意能力。有了這些創意能力，在創意問題解決時，就能較為深入問題或以跳框觀點來解題。

二、動腦練習曲：看到手錶表面的聯想感覺

以下透過視覺感官訓練，訓練視覺創意思考能力。如圖1.2「設計手錶的創意問題解決歷程」，練習看看「手錶、錶帶、手錶數字、雙

向箭號」，你會聯想到什麼？這是練習流暢力的表現，當你不斷地流暢想出各種看到的想法時，說出和畫出看到的聯想越多，創意越高。

　　例如：「手斜靠手錶」、「兩個圓圈可以當數字跑道」，這是變通力的表現，換個方向看到手、手錶的相互斜靠關係，圓圈和數字跑道的應用關係。創意越高的發想，經常會練習換個方向思考聯想，不會是單向直線式的思考徑路。

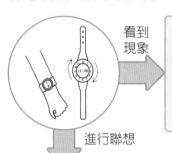

看到
現象

① 手錶、錶帶、手錶數字、雙向箭號……
② 手斜靠手錶，兩個圓圈可以當數字跑道
③ 手戴手錶時間停在13:00，錶帶有三個小洞
④ 大拇指和食指形成一個數字9
⑤ 食指到小指之間像貓掌

進行聯想

 如果

① 手錶錶面變形，不再是圓框、數字、長皮帶，可能變成什麼呢？
② 手錶掛在手臂的上方和中間，或是手指頭上，可能變成什麼呢？
③ 手錶不見了，只有手上數字，告訴現在幾點了，可能是什麼呢？

創意表現

創意發想 手錶設計			
命名	獅子頭錶	心臟跳錶	光感投影錶
問題構想	發想錶面造型的創意思考與設計	錶可以掛在哪裡的創意思考與設計	減少看錶數字壓力的創意思考與設計
創意 問題解決	星座、生肖都可以變成錶面設計，如獅子座手錶。	心臟跳錶可以測血壓和心跳，可隨時監控健康。	看錶數字有壓力嗎？來個隱藏數字，可用光感投射錶面數字。

▲ 圖1.2　設計手錶的創意問題解決歷程

貳 聽覺：云云眾生／聲，聽到聲音串動

一、藏祕保鮮盒：聽到和聽懂的溝通文化真重要

這是個弦外之音的笑話：「小明被開除了！因為，公司的長官特地請大家隔天記得帶每個人的吃飯傢伙來，結果每個人都帶了電腦到公司。只有他，帶了筷子和碗到公司，結果，小明被開除了。」沒聽懂話，真是損失不小啊！如圖1.3「聽錯話～聽到和聽懂的溝通文化」。

1. 你有聽到人家跟你說話的聲音嗎？注意到聲音的快慢、高低、方向了嗎？
2. 你有聽到人家跟你說話的內容嗎？注意到內容的字句、段落、要點了嗎？
3. 你有聽懂人家跟你說話的意義嗎？注意到意義的含意、隱喻、用意了嗎？

▲ 圖1.3　聽錯話～聽到和聽懂的溝通文化

二、動腦練習曲：聽聽聲音串動的聯想感覺

當你聽到「杯子、杯把、杯身、音符、喇叭、輪子、插頭」這些部位的交錯結合，震動敲擊發出的聲音，流暢地想出各種聽到的想法，這種聆聽杯子發出聲響產生聽覺的互動，所思考聯想變化越多，創意越高。

例如：「輪子轉動帶動杯子跟著動，插頭通電杯子可以發出音樂聲」這個創意作品表現，是因為創意思考到杯子以外的創意設計，帶動聲音和意義應用在杯子的變化關係。如此，聽到杯子和外在世界互動的聲音、內容、意義、曲調和節奏越多，要為這個杯子進行創意設計就會越多。如圖1.4「設計聲音作品的創意問題解決歷程」。

看到聲音 →

你聽到聲音串動的聲響有哪些？
❶ 杯子裝水聲、喝水聲、咕嚕咕嚕、嗆到聲、果汁真好喝⋯⋯
❷ 喇叭IoT接觸聲、喇叭發出高亢歌聲、交響曲、遙控移動車的聲音⋯⋯
❸ 把手和杯體敲一敲，聽聽聲音是低沉、清脆或是高亢？

進行聯想 ↓

如果
❶ 杯子把手去掉呢？少了輪子、喇叭呢？這些聲音可以從哪裡發聲呢？
❷ 造型音符喇叭像流動液體，有個發聲按鈕？聲音可能啟動音符發聲嗎？
❸ 杯子換漢堡，加了藍芽、APP、隨身碟插座等，聲音種類會更多嗎？

創意表現 ↓

創意發想 發聲設計			
命名	珍奶攪拌發聲機	音符流體喇叭唱機	漢堡發聲機
問題構想	珍奶攪拌棒攪動，就可在杯檯上發出音樂聲音。	音符按鈕啟動珍珠，就像喇叭音符在樂器發聲。	漢堡轉變成可連結APP、藍芽、隨身碟的發聲機。
創意 問題解決	讓聲音透過魔法攪拌棒，取代發聲的按鈕方式。	讓樂曲聲音，可隨著珍珠在音符滑動。	發聲是可和食材相結合，讓生活用品具有想像力。

▲ 圖1.4　設計聲音作品的創意問題解決歷程

參 **嗅覺：嗅出時尚味道的香奈爾香水廣告**

一、藏祕保鮮盒：只穿了Chanel No.5睡覺的聯想創意

　　知名品牌香水Chanel No.5 是從1921年，由調香師Ernest Beaux調製十款不同的香水送給Gabrielle Chanel命名，首次發表至今，Chanel No.5百年歷史的香味，讓喜歡香水的女性至今仍趨之若鶩，絡繹不絕。然而，最令人津津樂道的是，除了Chanel No.5 可以嗅出芬芳的香水味道之外，百年歷史中最令人具有想像力的廣告典故，當數知名女星瑪麗蓮夢露（Marilyn Monroe）的經典名言：「只穿了Chanel No.5睡覺」，帶給許多買香水消費者的綺麗想像。如圖1.5「Chanel No.5香水的時尚味道創意發想」。

❶ 你有嗅到香水味道嗎？注意到味道的濃薄、用料的差異、品牌的故事嗎？
❷ 你有嗅到香水味道聯想到代言人嗎？注意到代言人的表現手法、連結性、迴歸性嗎？
❸ 你有嗅到香水味道要傳達的意義嗎？注意到消費市場的族群、愛用者、價格差異嗎？

▲ 圖1.5　Chanel No.5香水的時尚味道創意發想

二、動腦練習曲：鈦金潔白人體香皂的聯想感覺

　　從嗅覺聞到Chanel No.5的香味，感覺是加了許多創意想像的歡喜香味，常帶給人心情上的改變。「鈦金潔白人體香皂」從想像洗澡

的意象進行創意設計，鈦金潔白人體香皂輕輕擁抱觸摸，是很自由放鬆、無牽掛的感覺，從聞到香皂味道進行聯想，亦可以設計分別為洗澡和洗頭的香皂，或是思考放在不同地點，例如：浴室、廁所、百貨公司、教會、醫院、旅館、便利超商等地方。你會有哪些聯想呢？你會把嗅覺的主體創意做哪些改變呢？如果把頭部換成不同動植物人偶造型，又有哪些可能意象呢？如圖1.6「設計香皂作品的創意問題解決歷程」。

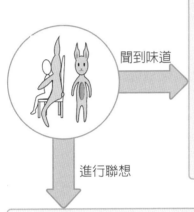

聞到味道

你聞到鈦金潔白人體香皂的味道有哪些？
❶ 人體香皂除香味之外，可以用酒精或是光殺菌嗎？
❷ 人體香皂除香味之外，可以有大海自然味道嗎？
❸ 人體香皂除香味之外，可以變成別種造型味道嗎？
❹ 人體香皂除香味之外，可以用零件轉出別的味道嗎？

進行聯想

如果
❶ 人體香皂可以具有殺菌作用，是在身體內或外做創意設計呢？
❷ 人體香皂可以具有大海自然味道，可以用哪一種大海生物呢？
❸ 人體香皂可以變成別種造型味道，可以用哪一種人偶做象徵設計呢？

創意表現

（續下頁）

創意表現

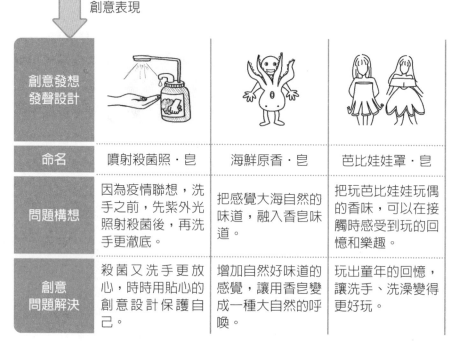

創意發想 發聲設計			
命名	噴射殺菌照・皂	海鮮原香・皂	芭比娃娃罩・皂
問題構想	因為疫情聯想，洗手之前，先紫外光照射殺菌後，再洗手更澈底。	把感覺大海自然的味道，融入香皂味道。	把玩芭比娃娃玩偶的香味，可以在接觸時感受到玩的回憶和樂趣。
創意 問題解決	殺菌又洗手更放心，時時用貼心的創意設計保護自己。	增加自然好味道的感覺，讓用香皂變成一種大自然的呼喚。	玩出童年的回憶，讓洗手、洗澡變得更好玩。

▲ 圖1.6　設計香皂作品的創意問題解決歷程

肆　味覺：人間有味是清歡，嘗盡人生味道的聯想

一、藏祕保鮮盒：古今詩書的飲食隱喻

　　「細雨斜風作曉寒，淡煙疏柳媚晴灘，入淮清洛漸漫漫。雪沫乳花浮午盞，蓼茸蒿筍試春盤，人間有味是清歡。」這是宋朝蘇軾的一闋詞《浣溪沙・細雨斜風作曉寒》，蘇軾和友人喝了浮著雪沫乳花的小酒，吃著山野裡的蓼菜、茼蒿、新筍、野草的嫩芽等。然後情不自禁感嘆道「人間有味是清歡」，表達酌幾杯清酒，吃幾道素菜，讀書、吟詩、賞樂、笑談人生的感受，古人擅長把味道透過詩詞意象做表達。蘇軾眞是非常會想「味道」是什麼的詩人。

　　《誰搬走了我的乳酪？》（Who Moved My Cheese？）這本書，是描述兩隻小老鼠和兩個小矮人都非常幸福找到乳酪，安心地日復一

日享用自己所擁有的乳酪，突然有一天，乳酪不見了！小老鼠和小矮人從「吃不到」的缺乏，懷著不同的心情和困難去找乳酪，因應許多突如其來的改變。乳酪好吃，但隱喻要「吃」到美味是需要付出代價的。如圖1.7「偷走美味乳酪的隱喻創意發想」，你可以做成有乳酪味道感覺的椅子，也可以做成有乳酪味道感覺的溜滑梯。

▲ 圖1.7　偷走美味乳酪的隱喻創意發想

味道是外在的，真正心中的味道，通常會在吃過以後，感受更深刻的滋味，才能類比感受那個滋味。就像蘇軾嘗盡當官的人情世故，和誰偷走乳酪，都需要靠自己努力爭取才有的未來。味道，是需要體會品嘗滋味的。

二、動腦練習曲：米奇麵包的聯想感覺

生活當中有許多滋味，酸甜苦辣的滋味，總是令人回味的，特別是有吃過經驗的滋味，常會令人難忘懷，尤其是華人世界常以「民以食為天」，重視「食」實在是重要的一件事。例如：「米奇巧克力麵包」是融合米老鼠卡通人物，做成可以「吃的」麵包，如果應用此一卡通人物作為吉祥物，食物象徵並代言周邊商品，常具有許多商業價值。除此之外，亦可以授權發展出T-shirt、紀念杯、雨傘、手冊和飲品等文創商品。創意發想：你吃到米奇巧克力麵包聯想到哪些？如圖1.8「設計美食代言作品的創意問題解決歷程」，如此，美食或飲料店來個代言人偶標誌，做成立牌、飲料杯膠膜、桌上菜單、牆壁貼飾等，都是很有味道的創意。

你吃到米奇巧克力麵包聯想到哪些？

❶ 米奇卡通麵包，可以應用變成卡通牛肉麵吉祥物嗎？

❷ 米奇卡通麵包，可以應用變成漫畫珍奶人物嗎？

❸ 米奇卡通麵包，可以應用變成雞排吉祥物嗎？

❹ 米奇卡通麵包，可以應用變成3D列印巧克力嗎？

吃到麵包

進行聯想

 ❶ 卡通牛肉麵吉祥物，如何發揮牛肉麵意象做創意設計呢？

❷ 漫畫珍奶人物，如何把珍奶的美味表現出來呢？

❸ 俏妞巧克力，如何把巧克力的色料做創意設計呢？

創意表現

創意發想代言設計			
命名	好麵子娃	T妹珍奶	巧克力俏妞
問題構想	牛肉麵是台灣好滋味麵食，如何創意行銷全球。	珍奶是台灣國民飲料，如何創意行銷全球。	如何讓巧克力更具食之知味魅力。
創意問題解決	牛肉麵要端出去做行銷，考慮到現場溫度、口感、風味的保持，有了好麵子娃代言移轉美味。	珍奶是具有粉圓顆粒飲品，特別是學生族群更是人手一杯，把T妹珍奶作為代言，可以彰顯台灣風味和台妹魅力。	巧克力是全球老少咸宜的零食，口味眾多，俏妞巧克力融入色彩，讓莓果和鮮乳巧克力更美味。

▲ 圖1.8 設計美食代言作品的創意問題解決歷程

伍　觸覺：打開潘朵拉的好奇心聯想

一、藏祕保鮮盒：林肯與《讀者文摘》

　　美國第16任總統林肯愛好閱讀，訂閱了《智慧》雜誌，翻閱時發現，雜誌中間有幾頁沒有被裁開，他充滿好奇地想著這種事情，怎麼可能發生在一本風靡各地的出版雜誌，又怎麼會出現這種連頁未開的現象呢？他又回憶聯想到雜誌社，曾爲了行銷在公司牆壁上鑽洞，引發人們好奇想透過小洞，觀看雜誌辦公室內的現象而做的廣告。於是，林肯用小刀裁開了雜誌的連頁，裁開之後，發現連頁中的一節內容被紙糊住了。林肯想著，雜誌社到底又在玩什麼創意遊戲廣告呢？接著他用小刀小心翼翼地打開糊著的紙。最後，他發現雜誌頁內下面竟寫著這樣幾行字：「恭喜您！您用您的好奇心和接受新事物的能力，獲得了本刊1萬美元的獎金，請將雜誌退還本刊，我們將負責更換並給您寄去獎金。《智慧》編輯部。」

　　林肯對編輯部這種啓發讀者智慧探索，鼓勵讀者發揮好奇心行動的做法極其欣賞，於是回信給雜誌社和提供些許建議。接著，林肯收到了新更換的雜誌和編輯部的回信：「總統先生，在我們這次故意印錯的300本雜誌中，只有8個人從中獲得了獎金，絕大多數人只是採取將雜誌寄回雜誌社重新更換的做法，看來您的確是眞正的智者。根據您來信的建議，我們決定將雜誌改名。」改名後的這本雜誌，就是《讀者文摘》。如圖1.9「《讀者文摘》改名的創意發想」。

▲ 圖1.9　《讀者文摘》改名的創意發想

《讀者文摘》是世界最暢銷的月刊型讀本，1922年創刊於美國，於世界60多個國家發行，21種語言印刷，共有50個版本。對於許多智慧創意的實體表現或是虛擬作品，除了好奇心探索之外，更重要的是，進一步動手觀察事實，察覺真相思考問題核心。林肯因為動手拆開雜誌黏頁，發現新的差異性並獲得回饋，動動手及腦常可以發現手舞足蹈的新契機。

二、動腦練習曲：壓壓看彈簧碗的聯想感覺

這是一個有趣新穎的「壓壓看彈簧碗」，當你動手去接觸碗的碗口、碗身或碗底，甚至是底部的彈簧時，因為好奇而動手接觸時，很可能，你會想到「能用嗎？會倒嗎？」、「裝起飯菜會更香或是更下飯嗎？」、「真的是碗嗎？還是玩具呢？」、「是智慧產品嗎？可以給小孩、老人或是生病、身障的人使用嗎？」、「可以升降高度或更好用嗎？」、「可以當中介質傳遞訊息嗎？可以變顏色或傳遞聲音嗎？」……，你也可以創意發想：「壓壓看彈簧碗」可以給誰用？可以怎麼用？何時用與何處用最好或最易出狀況？為什麼最好用或最易出狀況？該如何改善或是應用？可能會有什麼結果呢？如圖1.10「設計壓壓看彈簧碗作品的創意問題解決歷程」，試著發揮創意想想看，你就可以創造出好臉色壓壓看彈簧碗、香噴噴壓壓看彈簧碗和食在知道壓壓看彈簧碗。

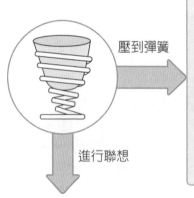

壓到彈簧

進行聯想

壓壓看彈簧碗讓你聯想到哪些？
❶ 壓壓看彈簧碗，裝餐後會更美味可口嗎？
❷ 壓壓看彈簧碗，碗和彈簧可以變顏色傳遞聲音嗎？
❸ 壓壓看彈簧碗，碗面或彈簧可以顯示卡路里重量嗎？
❹ 壓壓看彈簧碗，彈簧可以吸濕排汗或具隔熱作用嗎？

（續下頁）

如果	❶ 壓壓看彈簧碗，如何做出可以變色傳遞聲音的創意設計呢？
	❷ 壓壓看彈簧碗，如何表現可以顯示飲食資訊的創意設計呢？
	❸ 壓壓看彈簧碗，如何讓碗裝餐後可以更美味可口的創意設計呢？

創意表現

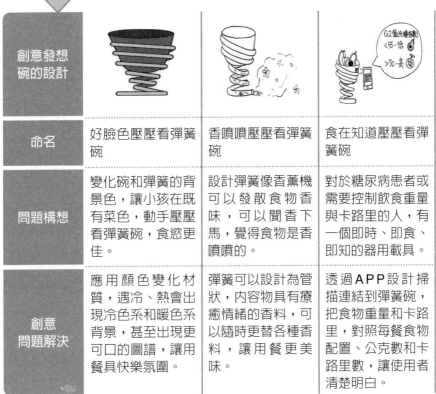

創意發想碗的設計			
命名	好臉色壓壓看彈簧碗	香噴噴壓壓看彈簧碗	食在知道壓壓看彈簧碗
問題構想	變化碗和彈簧的背景色，讓小孩在既有菜色，動手壓壓看彈簧碗，食慾更佳。	設計彈簧像香薰機可以發散食物香味，可以聞香下馬，覺得食物是香噴噴的。	對於糖尿病患者或需要控制飲食重量與卡路里的人，有一個即時、即食、即知的器用載具。
創意問題解決	應用顏色變化材質，遇冷、熱會出現冷色系和暖色系背景，甚至出現更可口的圖譜，讓用餐具快樂氛圍。	彈簧可以設計為管狀，內容物具有療癒情緒的香料，可以隨時更替各種香料，讓用餐更美味。	透過APP設計掃描連結到彈簧碗，把食物重量和卡路里，對照每餐食物配置、公克數和卡路里數，讓使用者清楚明白。

▲ 圖1.10　設計壓壓看彈簧碗作品的創意問題解決歷程

有感覺：W 祕方

你可以用5W2H的方法，找出如何設計有感覺和想像創意的作品，這些W祕方多加練習相關的參數，發揮創意特質和思考策略，可以創造意想不到的創意解決問題結果。

 壹 　WHO：誰

可以依照下列「WHO：誰」，進行思考找出感覺。對象有一般性分類、相對關係分類、情緒性分類和評價性分類，進而想想你的感覺是什麼？然後，應用感覺在你要解決的問題上，例如：要設計主題園區或開發作品，待解決問題該找誰幫忙？可以依誰（WHO）的需求或觀點來進行設計。

台灣高鐵車廂設計處處有感「WHO：誰」，為乘客設計：1.位置：考慮出國提大型行李置放處和博愛座的方便性，因此，將行李置放處和博愛座，設計在離上下車門口最近的地方；2.握把設計：依照身高和視覺注意力，上下車門口開車門標示和握把設計在最適當的地方；3.特殊乘客：依照票價區分使用者付費設計，商務艙車廂設計在中間部分下車方便，自由座車廂在後面車廂等。此外，大型教學醫院考慮「WHO：誰」給病患更多清楚明確標示，設計各種顏色線條通往看診、病房、病理檢查等路線。英國地鐵和公車也考慮「WHO：誰」，設計有顏色線條，通往目的地和配合銜接路線，這些是從感覺、聯想和創意出發。如圖1.11「從WHO創意發想行的路線規劃」，從一般分類的男人／女人、老人／小孩，即可有感於男人／女人、老人／小孩特質，提供外在環境需求設計。其他如關係分類、情緒性分類、評價性分類等，都可以依照WHO的特質來掌握設計關鍵。

一般分類	關係分類	情緒性分類	評價性分類
WHO 誰			
男人 / 女人	來往路人	懶惰的人	有心機的人
老人 / 小孩	首腦 / 員工	歡喜的人	正向的人

▲ 圖1.11　從WHO創意發想行的路線規劃

貳　WHAT：什麼

　　你可以依照下列「WHAT：什麼」進行思考找出感覺。從「什麼」進行創意思考，WHAT可以包羅天地萬物的生物（動物、植物），有形的世界各種場景和物景（建築物、街景、廣告招牌、來往行人、交通工具……），發生什麼事件（地震、海嘯、車禍、救援行動、戀愛、畢業典禮……），什麼交錯性（單一、雙方、多元複雜的事件或是現象），進而想想你的感覺是什麼？然後，應用感覺在你要解決的問題上。

　　美國著名的全美超級名模新秀大賽電視節目（America's Next Top Model, ANTM），從2003年首播至今備受全球矚目，由於在全球各地開發新的創意，廣告插播收入相當豐富。該節目擅長用「WHAT：什麼」，置入節目創意內容來設計行銷，例如：應用「什麼動物：保育動物」融入模特兒表演走秀，創造保育動物和模特兒互動產生環保議題，藉此表現模特兒服裝、化妝、行銷產品或道具特色。此外，節目中利用各種交錯性的場域，製造模特兒在水中實景的泡泡球裡走秀，產生跌倒或出現各種狀況，可以得知模特兒走秀仍會面對「什麼變化」。另外也安排模特兒在高空、鐘擺、火焰中等走秀，高複雜難度的表演場域和情境會產生「什麼結局」，創造讓觀眾和模特兒霎那間，同時無法預期會產生「什麼狀況」的期待心理，一切都是待建構

會發生「WHAT：什麼」的狀態，幕後創意設計相當能創造觀眾投入觀察會產生什麼狀況的效應，如圖1.12「從WHAT創意發想表演的場景設計」。

生物	場景物景	發生事件	交錯性
WHAT 什麼 動物 植物	世界場景 各地物景	經常事件 偶發事件	自然交錯 意外交錯

▲ 圖1.12　從WHAT創意發想表演的場景設計

參　WHERE：哪裡

　　你可以依照下列「WHERE：哪裡」進行思考找出感覺。從「哪裡」進行創意思考，可以把各種空間地點的位置、相關性、延伸性和流行性列出，進行有感思考解決問題。

　　例如：迪士尼、星巴克或是麥當勞等全球性連鎖事業體，選定「賣點」（location），都有其「有感脈絡」，這些有感脈絡幾乎有許多非單一點的思考。以麥當勞和迪士尼樂園為例，地點的位置、相關性、延伸性和流行性幾乎都是整體性考量。例如：人口、經濟水平、消費能力、發展規模和潛力、收入水平、商圈等級、發展機會、成長空間、人流測試、顧客能力對比、可見度和方便性、投資風險和回報水平等因素，甚至是文化影響因素，幾乎都是「WHERE：哪裡」的重要感覺後再進階思考，如圖1.13「從WHERE創意發想商場的地點因素」。找出商場在哪裡可以創造商業效應，讓消費者感受地點的相關魅力、延伸收益和引領流行，願意參與地點的活動和消費。

　　因此，著名的年貨大街、診所街、美食街等，經常匯集在一起形成聚落。這是從空間地點的位置、相關性、延伸性和流行性，進行有

感脈絡的思考，以掌握人流、投報率、消費率和經濟成長等面向作爲考量。

▲ 圖1.13　從WHERE創意發想商場的地點因素

肆　WHEN：何時

　　你可以依照下列「WHEN：何時」進行思考找出感覺。從「何時」進行創意思考，可以把各種時間的時序必然性（例如：白天晚上、春夏秋冬、早中晚、晴雨天等）、生活應然性（求學時期、畢業典禮、婚禮、喪禮、火災等）和自然可能性（地震、旅行、採花、情緒反應等）一一列出，進行有感思考解決問題。

　　例如：交通繁忙壅塞時，大樓發生火警民眾受困其中急需救援滅火時，救護車、消防車、警車等都卡在車陣中，該怎麼辦呢？俄羅斯著名新概念設計公司「Dahir Insaat」，推出未來概念交通工具「公共陀螺單軌車」，「Dahir Insaat」利用「陀螺儀」技術，讓車輪根據交通狀況上下伸縮，避開其他車輛縮短交通時間，達到即時救人和救災目的。消防車上還裝備飛天雲梯，高樓層救災也能迅速到達。

　　有機會面對時間點應該要處理狀況，自然有感思考面對解決問題的各種策略，帶動新的創意可能解答。例如：新加坡濱海公園的太陽

能路燈設計，用「日夜」思考需求太陽能燈來節能；療癒系的機器新寵物小抱枕Qoobo、企鵝瓦力Lovot、Sony機器狗Aibo，針對「寂寞時」需要撫慰情緒做出「適時反應」。如圖1.14「從WHEN創意發想創新產品」

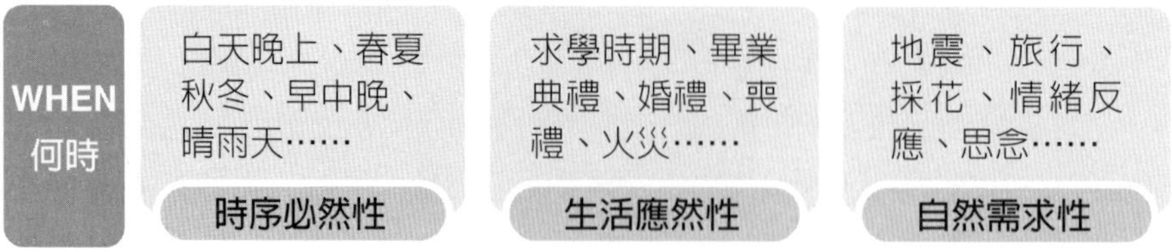

WHEN 何時	白天晚上、春夏秋冬、早中晚、晴雨天……	求學時期、畢業典禮、婚禮、喪禮、火災……	地震、旅行、採花、情緒反應、思念……
	時序必然性	生活應然性	自然需求性

▲ 圖1.14　從WHEN創意發想創新產品

伍　WHY：為什麼

　　你可以依照下列「WHY：為什麼」進行思考找出感覺。從「為什麼」進行創意思考，可以把各種為什麼的因果動機（例如：可能原因、處理結果、可能動機等）、影響作用（影響因子、產生效益、處理作用、各種變項等）和背景現象（細部推敲、表層現象、事實反映等）一一列出，進行有感思考解決問題。

　　例如：旅行時總希望語言和文化隔閡，不要影響到旅行時的食、衣、住、行、育、樂需求和樂趣。及時離線翻譯機就是發現旅行者為什麼不敢講、講不通的尷尬，為什麼沒有網路就什麼都不方便，凡事都需要網路才能快速理解當地文化，才能快速翻譯成為可以溝通的語言等，所以及時離線翻譯機內建設計旅行專有辭庫，翻譯機即能幫你說出當地語言，快速解決旅行時的需求，如圖1.15「從WHY創意發想旅行需求的因果關係」。任何探索為什麼的因果動機，常可發現許多現有資訊的真偽、產品使用的好壞、服務策略的良窳，進一步歸納分析這些資訊、產品和服務的影響作用，提供創新的「WHY：為什麼」發展因素，有助於解釋和解決新產品創意設計的背景現象問題，呈現更創意的資訊、產品和服務。

WHAT 為什麼 ▶	因果動機 ▶	影響作用 ▶	背景現象

▲ 圖1.15　從WHY創意發想旅行需求的因果關係

陸　HOW & HOW MUCH：如何做和代價結局

　　你可以依照下列「HOW & HOW MUCH：如何做和代價結局」進行思考找出感覺。從「如何做和代價結局」進行創意思考，可以把各種理性和感性對應、處理方法和成果效益關聯、投入資源和價格／價值比對，一一列出，進行有感思考解決問題。

　　例如：結合太空星球概念、時尚飯糰和藝術造型的星球飯糰，從食材選擇、製作飯糰機器設計、美味菜餚、連鎖加盟和消費者買單／買氣等多方考量，投入相當資金、人力、設計概念，新事業開發即須有感如何做和代價／結局，才能平衡理性和感性對應，處理方法和成果效益關聯，投入資源和價格／價值比對的成長，讓有感產生事實性的創意智價。如圖1.16「從HOW／HOW MUCH創意發想產品開發的相對代價」，創意性高的星球飯糰，經過平衡理性和感性對應，把抽象的太空、時尚和藝術化為具體現象，在創作每個星球飯糰時，考量處理方法的經濟性和效益性，以及投入資源和價格／價值的比對，審慎評估「HOW & HOW MUCH：如何做和代價結局」時，可以減低錯誤製造機會、避免投資浪費，創造更多消費者的信任和喜愛，感受到太空能量、優雅生活和美味口感藝術。

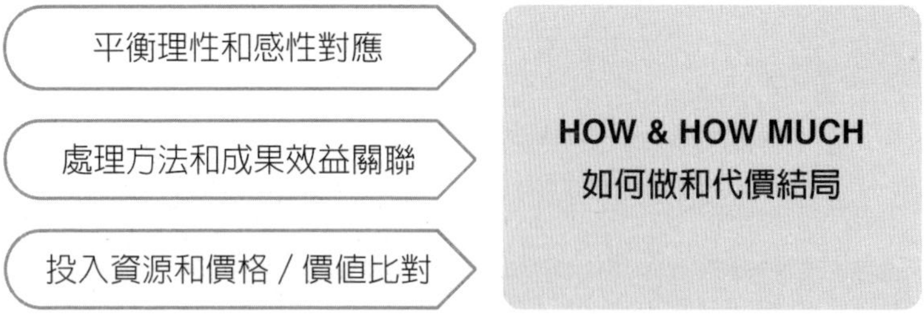

平衡理性和感性對應	
處理方法和成果效益關聯	**HOW & HOW MUCH** 如何做和代價結局
投入資源和價格／價值比對	

▲ 圖1.16　從HOW/HOW MUCH創意發想產品開發的相對代價

　　如何做和做了之後的代價結局，對於愛創意冒險勇於挑戰的人來說，發揮更多左腦的理性邏輯思考；對於注重因果關係凡事謹慎評估的人來說，發揮更多右腦的即時想像當下直覺，相信有助於降低風險創造實質利基。

03 感覺和創意祕方

壹 感覺相關的學術名詞

　　有感覺的身體和創意，可以進階了解感覺相較於知覺、想像、創造力這些專有學術名詞是什麼，這樣對於進行創意技法的領略，在創意發想與實踐時，會更掌握創意理論和實務、創意思維與設計要義。

一、感覺的學術定義

　　張春興（2007）對於感覺有兩方面定義：第一個觀點是feeling，就是一種感覺、感受或是感情的說法，是指主觀情緒性的心理狀態。第二個觀點是sensation，指感受器所收到的基本資料，諸如眼睛之於顏色、耳朵之於聲音、鼻子之於氣味均屬之，是指感受器接受刺激而產生感覺經驗的歷程。

二、知覺的學術定義

　　知覺是客觀事物直接作用於人的感覺器官，人腦對客觀事物整體的反映。例如：有一個事物，我們通過視覺器看感到它具有圓圓的形狀、紅紅的顏色；通過嗅覺器官聞到它特有的芳香氣味；通過手的觸摸感到它硬中帶軟；通過口腔品嘗到它的酸甜味道，於是，我們把這個事物反映成蘋果。客觀事物一旦離開我們感覺器官所及的範圍，對這個客觀事物的感覺和知覺也就停止了。感覺反映的是客觀事物的個別屬性，而知覺反映的是客觀事物的整體（MBA智庫百科，2021）。

　　知覺與感覺雖同樣為外在刺激引起的心理反應，但知覺卻是個體對外在客觀刺激加以選擇、組織並賦予其主觀解釋的心理歷程。在知覺歷程中，個體對刺激選擇、組織、解釋時，不但會超過原刺激的客觀特徵，甚至會將原刺激的特徵加以扭曲，賦予其特殊意義（張春興，2007）。

三、想像的學術定義

　　想像是指將記憶中的經驗與意義予以整理綜合進行組合運作，從而產生新意義的心理歷程（張春興，2007）。Lothane（2007）認為想像力是一種形成心像的基礎能力，透過圖像視覺化，產生事物或與現實有所連結。想像力也可以是生活經驗或以外事物進行自由聯想，建立各種連結關係；而且想像力是針對過去個人印象、經驗或各種幻想，進行加工改造、一連串的設計、結合，形成新事物的心理歷程；想像力也可以是完全虛擬，想像出完全在現實生活中完全不可能出現的世界，所以想像力具有多種可能性（possibility）、連結性（connectivity）和超越性（boundary-crossing）（王秀槐，2011）。

四、創造力的學術定義

　　創意應該解決一些複雜的、新奇的、曖昧不明的或結構很糟的問題（Mumford, Medeiros, & Partlow, 2012），創意成果包括了產品、服務、構想、製程和步驟等 （Woodman, Sawyer, & Griffin, 1993）。創意是一種能做出具體產品，或是能進行擴散和聚斂思考，或是對境遇中的人、事、物都具有好奇探索，或是能解決問題的一種綜合性能力，創意指標可以從流暢力、變通力、獨創力、精密力和敏覺力去衡鑑（沈翠蓮，2018）。

貳　感覺和創意祕方

　　身體有感，需要常常發揮視覺、聽覺、嗅覺、味覺和觸覺等五感，再加上有大腦思考的知覺反應，創意自然在生活周遭。以下列舉觸覺的「如廁遊戲板」的待解決問題和創意祕方。

一、觸覺和創意祕方：如廁遊戲板

　　如廁遊戲板的創作，可以在生活探索困境後，發現解決問題的樂趣。例如：想上廁所常感受到在廁所裡面和外面兩方均要等待很累

人，上廁所的人有時上很久，也不知道做什麼，很無聊；等上廁所的人等很久，也不知道做什麼，很無奈。如何解決這樣的困境呢？嘗試探索解決問題，試想：若可以在廁所內和等待區有個溝通遊戲，可以如遊戲般趣味溝通彼此等待的心情，讓等在外面的人知道大約須再等多久，因為看到而理解要多久的事實，可以考慮換地方上廁所。因此，可否在等待區和廁所內設計控制鈕門板，讓在廁所內外都可以玩遊戲，考量有心理性、遊戲性和時間性做程式設計管控，可以減低等待的無趣和無奈。如圖1.17「如廁遊戲板的解題歷程」。

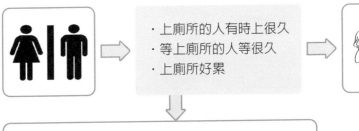

- ▶ **發現問題**：等人很累
- ▶ **蒐集資訊**：國外有等紅綠燈時，路兩邊的人可以互玩遊戲等紅綠燈
- ▶ **發現問題**：會不會造成雙方互催困擾
- ▶ **尋求點子**：遊戲面板可以有心理性、遊戲性和時間性
- ▶ **發現解答**：遊戲簡單化和資訊化
- ▶ **尋求可被接受的點子**：門裡、門外都可以玩遊戲

▲ 圖1.17　如廁遊戲板的解題歷程

二、身體有感，動動腦解題一下

　　這是有趣的四個作品，如圖1.18「身體有感四圖命名」請你先模擬一下身體和四個作品的視、聽、嗅、味、觸覺的互動，來個「有感」接觸，會是那些感覺一起合併作用呢？如果有可能，請幫每個作品先命名一下。

命名後再想想看有什麼創意？請你應用創意想像W祕方八步驟：1.注意感覺到誰是主角；2.找出十個以上主角習慣；3.閉上眼睛，想像看到什麼；4.想像如果我是其中一個主角；5.在何時在何地會有什麼樣的狀況；6.思考有什麼理由或現象會產生這樣的結果；7.找出如何做會更有創意的變化和程序；8.這樣做到底會有什麼代價呢？感覺這四個圖的多元解題，可能是什麼？

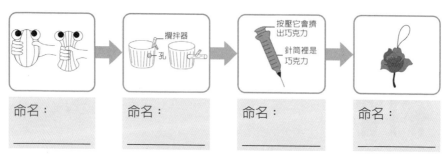

▲ 圖1.18　身體有感四圖命名

　　經由這些感覺歷程，再加上產生分析、判斷、評鑑等知覺，請發揮想像和創意，解釋你對上面四個圖進行命名，以及可能的創意應用設計。以下，是可能的命名和想像解釋，以及應用設計。

　　（一）**大眼西瓜球**：加油，用力！讓西瓜蛙變真正蛙，但小心岔氣。練習握力，可以幫助肌肉萎縮或是年紀較大者鍛鍊肌力，大眼西瓜球抓握後變形，十分搞笑。

　　（二）**皮諾丘鼻子攪拌器**：樹洞外觀變得有趣，有洞可鑽、可拆、可用，可以插入杯內攪拌一下感覺很有生氣。

　　（三）**針筒巧克力**：針筒巧克力棒，使小朋友在醫院看到針筒不再害怕，以為是常吃的巧克力，打針就比較放鬆。

　　（四）**他愛我花癡糖**：玫瑰吊飾糖，可以在需要開心時，拿起來摺花瓣，邊問「他愛我？他不愛我？」，然後吃掉花瓣糖果。

創意挖新知報導

誘魚神器～
誘雲Bait Cloud Fish Attractant

一、創意發想問題

　　魚兒水中游，只見魚兒游來游去，卻不見牠上鉤。看到魚，魚兒卻不上鉤，常常令許多垂釣客感受到迷茫無力。加拿大生產的「誘魚神器」快速紅遍全球，讓許多釣客頓悟到釣魚是有認知創意思考的設計。這個誘魚神器提供釣魚新手另類思考，善用誘餌的製作和熟練使用方法，整合視覺、嗅覺和聽覺，可以吸引魚群靠近誘魚神器，推翻傳統釣魚需要研製調配、選擇投放位置和時機投放誘餌的慣性思維。

二、創意設計思考

　　誘魚神器命名為誘雲（Bait Cloud Fish Attractant）是一顆誘餌球，只需在釣魚之前把它扔進水裡，就可以等著魚兒聚集！誘雲這顆誘餌球，對魚產生了不聽都不行、聞到不去咬都不行、看到不去試試真可惜的吸引力，對魚兒具有難以抗拒的神祕力量。以下說明它的創意設計思考：1.視覺誘引：誘雲遇水就會迅速沉到水底，同時冒出大量氣泡，雲霧狀的泡泡會吸引魚靠近。而有氣泡的地方通常表示氧氣充足、胺基酸豐富、腐植質多和植物生長好，魚兒喜愛聚集於氣泡附近；2.嗅覺誘引：誘雲分析設計魚兒愛吃的魚飼料，針對不同魚種配方不同的飼料成分，釋放出魚油、胺基酸及各種獨特氣味，完全吸引魚兒的味蕾，魚兒聞到誘餌氣味，就像聞香下馬一樣無法脫逃美味；3.聽覺誘引：魚兒的聽覺相當敏銳，誘雲在冒泡的同時發出氣泡聲音，吸引魚群靠近。誘雲是用天然材料製成的小圓球，像顆藥丸且安

全不會傷害環境的誘餌，不同魚種有不同顏色的誘餌球，魚兒都受不了了，你想試試看嗎？

三、新知報導相關圖片

誘魚神器 包裝和外觀	產生氣泡 視覺誘引	冰釣魚兒 嗅覺誘引	移動聲音 聽覺誘引

四、感覺和創意解題

▶ 你可以想想利用視覺、聽覺、味覺、嗅覺和觸覺，設計像誘雲來誘引些什麼動物嗎？可以誘引在天上飛的鳥、蜂，或是地裡鑽的蛇蟲嗎？什麼誘餌對牠們是安全又具吸引力的？

▶ 誘雲可以在水中釋放氣泡、味道和聲音，你曾經觀察過哪些有趣的色、聲、味等變化呢？

創意賣味練習題

感覺‧好輕鬆

| 方形瓶蓋 | 轉 | 瓶蓋好轉 |

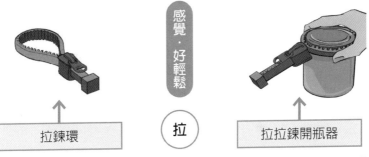

| 拉鍊環 | 拉 | 拉拉鍊開瓶器 |

轉　　→　哪些容器／地方難開？　　→　人孔蓋、保
拉　　　　你感覺有哪些可行？　　　　溫瓶、密封
　　　　　　　　　　　　　　　　　　罐……

請你多應用視、聽、嗅、味、觸覺，觀察應用5W2H來想想

換你做做看～感覺‧好輕鬆

第二章

知覺和創意引線

經典、驚喜
&
驚探、驚嘆

知覺（perception）是個體接受外在環境刺激作用，反應在眼、耳、鼻、口和手腳等感官，大腦對於感官發揮訊息的組織、傳遞和解釋，表現於視覺、聽覺、嗅覺、味覺和觸覺的看法和理解。本章第一節，知覺藏在大腦轉運站，提出觀察、關聯、學習和歸納知覺引線的接觸關鍵點和練習動腦題目，作為知覺創意養成等基礎能力。第二節，知覺引線的轉接器，提供水平思考在六頂思考帽和心智圖的探究實例，以及垂直思考的四個創意發想輔助表格，作為知覺創意養成的轉接能力。第三節，銜接知覺和創意解題引線，提出如何將知覺銜接到創意表現的策略，提供應用知覺發想創意。

01 知覺藏在大腦轉運站

請運用書中的觀察知覺引線、關聯知覺引線、學習知覺引線和歸納知覺引線等創意技法，作創意聯想和設計思考。

02 知覺引線的轉接器

請運用書中的數字知覺引線轉接器、水平和垂直思考轉接器等創意技法，作創意聯想和設計思考。

03 銜接知覺和創意解題引線

請運用書中的銜接案例和解題引線等創意技法，作創意聯想和設計思考。

✔ 創意挖新知報導

✔ 創意賣味練習題

數字開關 的創意啟示錄
· · · · · · · · · ·

每天都要開燈，久了才知道開哪盞燈是對的，早點知道哪盞燈存入大腦記憶銀行，數字是很好的知覺引線。

燈所對應的開關，降低開錯率

01 知覺藏在大腦轉運站

　　知覺引線是一組協助你發現創意和做出創意表現的技術。因此，對於顏色、聲音、味道、口感和接觸等發展出來的表達是「感覺」，若是經由大腦整合資訊，綜合加工所形成的有機整體是「知覺」。例如：對柚子的感覺爲看起來「綠色的」、敲起來聲音「沉沉的」、聞起來「香香的」、吃起來「甜甜的」和摸起來「粗粗的」；對柚子的知覺爲「柚子是中秋節的水果」，這包括了對於柚子在日常生活的整體性經驗和理解。也因此，知覺從認知科學觀點，融合獲取訊息、理解訊息、篩選訊息和組織訊息等程序。簡言之，知覺不同於感覺，但須有感覺經驗爲基礎，知覺才會更爲聚焦具體。經由大腦轉運歷程，學習觀察外在環境特徵、體驗鋪設環境關聯、發現知覺引線有意義的接觸點，以及歸納知覺引線相互關係性。學習者觀察知覺引線的接觸點，會發現知覺引線的觀察很有趣味，在自然情境當中很快就可以找到接觸創意構想的觸點，並在潛意識中醞釀可能的創意行動。

壹　觀察知覺引線：學習觀察外在環境特徵

一、察覺祕密：特徵概念和想像意義

（一）練習觀察對象和有意義的反覆對話

　　練習觀察對象和有意義的反覆對話，可以作爲後續知覺的導引線。

　　當你根據下面的提示，對於尙未命名的「X水缸椅」，不斷發想下列問題：外形發現像什麼？哪裡最特別？上、下、左、右、前、後、裡、外有什麼變化？等問題時，可以提供自己更多觀察外在對象的特徵，熟悉自己內心的聲音。例如：這是個水族箱嗎？趨前仔細觀察後，裡面是流動的液體或是裝飾性的固體，內心自然會察覺到自己的認知，是經由不斷分析判斷事實狀況，調整理性和感性知覺。如圖2.1「X水缸椅的發想提問」。

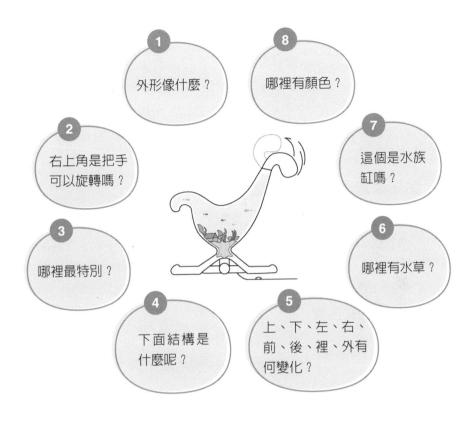

概念圖內容：

1 外形像什麼？

8 哪裡有顏色？

2 右上角是把手可以旋轉嗎？

7 這個是水族缸嗎？

3 哪裡最特別？

6 哪裡有水草？

4 下面結構是什麼呢？

5 上、下、左、右、前、後、裡、外有何變化？

▲ 圖2.1　X水缸椅的發想提問

（二）練習描述特徵和定位概念

描述特徵：觀察「X水缸椅」可以發現外形很像X的英文字，X上面有藍色的水，水裡有藍色、黑色和粉紅色的魚游來游去，這個水缸像一根菸斗，也像公雞的身體，水缸底部有像假牙的岩石，水缸內有裝飾的水草和房子；X下面很像是個支架。

定位概念：X型、水缸、支架是重要特徵，所以可以命名為「X水缸椅」。

（三）練習想像意義的陳述

想要設計X支架，須要有點時尚美感的張力，躺著是舒適感的曲線，以及設計翻轉把手的科技力。水缸的外在特徵是涼涼的、藍藍的，會有魚和水草的動感。如果要設計魚缸，可以讓魚像玩捉迷藏遊戲般，把不同顏色的魚的游動感，像不同樂器所發出的聲音，讓追逐時的動感配合樂器節奏，創造出趣味。

二、動腦練習：知覺的繼續轉運

透過想像練習，結合「X型、水缸、支架」概念，創意的點子自然而然就會產生「具時尚感，有魚在追逐遊戲時，會有樂器聲音的舒適科技椅。」的點子。如果再理解分析創作點子的背景和原因，甚至知道如何創作更具創意，將可以進階推知其中奧祕之處。如圖2.2「X水缸椅的知覺繼續運轉」。

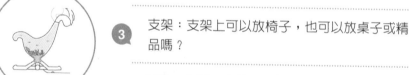

X 水缸椅，知覺的聯想可能有哪些？

① X型：英文X，接著是Y和Z，X型可變成Y、Z型？

② 水缸：水缸裝魚，水缸可以變成鞋子穿襪或魚眼嗎？

③ 支架：支架上可以放椅子，也可以放桌子或精品嗎？

④ X型＋水缸＋支架：可以加上X、Y、Z名牌精品＋魚眼嗎？

⑤ X型＋水缸＋支架：可以加上運動概念，調整造型變成乒乓球拍嗎？

▲ 圖2.2　X水缸椅的知覺繼續運轉

經常動腦練習可以讓人產生許多驚奇，試試看，想像「X水缸椅」加上下面兩種圖「旋轉、置物、四個、合在一起或分開……」、「發光、探眼、五個按鈕、軟軟的身體、草……」，可能會應用哪幾個概念，產生哪些更多知覺的聯想呢？如圖2.3「X水缸椅的持續創意發想」。

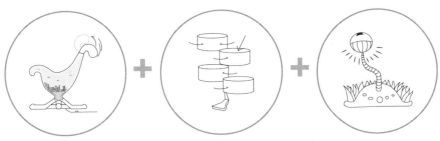

▲ 圖2.3　X水缸椅的持續創意發想

貳　關聯知覺引線：學習體驗鋪設環境關聯

一、藏祕保鮮：看故事和找故事的歷史

土耳其的卡帕多奇亞（Cappadocia）奇石區域，其實是綿延歷史文化千百年的老景新妝，透過旅遊觀光景點的故事行銷，重新照亮此一景點的創意。卡帕多奇亞位於土耳其的東南部，包括了從托羅斯山脈至黑海之間的廣大地域，主要有Goreme、Avanos 和 Urgup等三個城鎮，是全球最著名的石灰岩地形，潛藏自然地形／地貌、宗教文化和歷史名勝的旅遊聖地。早期由於兩座活火山噴發，在此逐層堆積了大量的火山灰及玄武岩，經過長時間的擠壓而成了多層次的多孔凝灰岩，之後經歷數百萬年侵蝕作用而形成的景象。卡帕多奇亞奇石區變成荒城或旅遊景點，有無創意改造端視一念之間的創意發想和後續開發的實踐力，多找些聚集焦點的關聯性，荒城也能變成旅遊名勝。

特別是Goreme露天博物館（Goreme Open Air Museum），此地最初為基督徒修道士們集體生活和集體修行的共居地，接著，積極修建如蘋果教堂、黑暗教堂、中央廚房及無數個小教堂等建築物。然而歷經拜占庭帝國、塞爾柱王朝、鄂圖曼帝國等諸多歷史演繹，以及當時對於宗教意義和文物見解不一，產生諸多衝突破壞和摧毀，留下更多歷史，到這裡旅遊可以見證到亙古以前的當地居民或是基督徒，在樸實無華的岩窟中，如何挖掘教堂、禮拜堂、僧院，以聖像畫來裝飾教堂，從現存的圓形廊柱和雕刻細膩的壁畫等文物古蹟，為土耳其建造全球性的旅遊資源亮點。

在這個石灰岩地區，有許多「洞穴旅館」，曾在此區域旅遊和住過洞穴旅館的遊客，深刻學習體驗大自然所鋪設環境，發現環境間的關聯性是相當有趣味的。整體的石灰岩石，以及石灰岩洞內一個個的洞穴，整體外觀和部分結構模組間，是可以發現不少關聯性和進行關聯作用的類推應用。簡言之，當你體驗些許場景時，有些知覺的創意聯想，許多應用遷移是可以產生人類和自然的不可思議對話和創造。卡帕多奇亞（Cappadocia）的洞穴旅館和奇石區域，如圖2.4「土耳其卡帕多奇亞的岩石地形」拍攝照片。

 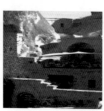  

洞穴旅館外觀　　洞穴旅館休閒區　　駱駝岩　　烏蘇里奇教堂

▲ 圖2.4　土耳其卡帕多奇亞的岩石地形

二、動腦練習：把歷史放在藝術框架

　　知覺對象和背景關係並不是固定不變的，知覺可能會依照個體的需要、期待、目標和經驗的狀況，使得知覺因為體驗鋪設環境關聯，而產生更多的創意聯想。例如：拍攝到土耳其的卡帕多奇亞奇石區域的景觀，做成當地聞名的陶器紀念品、雕刻飾品、紀念衫或是藝術相框等；或者剪輯影片點閱分享相關旅遊風光，鏈結廣告增加商機。

參 學習知覺引線：發現知覺引線有意義接觸點

一、藏祕保鮮：練習結構中的符號連結

　　由於資訊發達促進許多訊息瞬息萬變，如何從結構中發現知覺引線有意義的接觸點，才比較有可能產生創意的漣漪震盪。

　　練習者可以常常利用各種線條、曲線，進行聯想畫；也可以從現有的建築物試著拆解，可能的線條或是曲線，這樣對於線條和主體產生「有意義的接觸點」，應用思維和聯想進行「可移動實用趣味」，最後連結創作主體再反思擴展更多「轉移知覺創作」。圖2.5「符號連結練習」可以學習發現「曲線」和「十字線」在各種物品的有意義接觸點和可移動實用趣味，進而觀察創意進行發想，即可開創新的知覺創作。例如：吐蛇信蛋捲、捲尾貓名片夾、蝴蝶愛花生日蛋糕上的巧克力裝飾等作品。

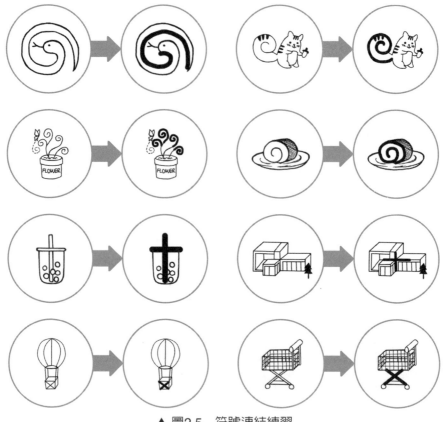

▲ 圖2.5　符號連結練習

二、動腦練習：燈泡有意義接觸點

　　有意義接觸點不同，「燈」的創作可以創作出不同的創意燈具，如圖2.6「燈泡有意義接觸點的練習實例」。

　　「手電筒燈泡」這個手搖燈具採用LED光源，內製電池，平時可以接在標準的螺絲口燈座裡面當燈泡用，需要的時候又能取下來當手電筒用，結合聯想到「可移動實用」的有意義接觸點，看到燈的多功能性，可移動實用的有意義接觸點，可以延伸做成其他手持餐具、文

具、工具等造型燈具。「蝸牛燈」是以不規則和部分面接觸，作為LED被點亮的機制，當蝸牛殼一圈圈亮起來，加上爬行足的連結，可以變成非常漂亮的展示燈，這種「藉點接光」的有意義接觸點，讓燈泡具有永續時尚性，也可以因為藉點接光的有意義接觸點，做出各式爬行動物燈具、植物燈具、捲尺燈具。「晨光燈」特別處理的玻璃，罩在光源前方當作燈罩，一開燈，就能映照出一片非常夢幻的朝霞，透過「朝陽溫暖意象」的有意義接觸點，開燈變成是一種一觸可及的美感，當然朝陽溫暖意象可以變化多端為冷酷靜默冰山燈、辣勁十足意象辣椒串燈等燈具。「籃球壁燈」看上去是一顆普通的光球，由於別出心裁的支架，就像一顆真的籃球框，這個「籃球轉移球框」的有意義接觸點，可以擴展到高爾夫球、排球等體育用品相關裝置，例如：高爾夫球、羽球、網球等燈具，有配對的球具一起展現燈具的完整趣味。

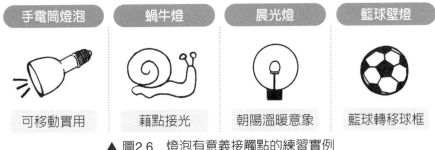

▲ 圖2.6　燈泡有意義接觸點的練習實例

肆　歸納知覺引線：遷移到經驗成為內省性思考

　　創意發想是需要經常有感覺和作知覺練習，當養成「習慣」才會串出許多創意發想，持續創意知覺練習並樂在其中，越來越有感而愛創意發想。歸納知覺引線遷移內省性可以從：1.蒐集資訊找相似性和差異性；2.分析產品類比性和應用性；3.創意點子尋求遷移關係性等三方面，進行歸納知覺引線的創意知覺練習。

請試著從下面「創意齒輪鬧鐘」的鬧鐘圖譜，試試歸納知覺引線遷移內省性。

一、蒐集資訊找相似性和差異性

　　下面兩款齒輪鐘都很相似，都可以作為報時用。只是前者是齒輪鐘，純粹報時和美觀；後者是BMW齒輪鐘，具備報時、美觀和企業識別意象。經由觀察外在環境中的知覺引線「轉動」和「品牌」，學習者在觀察後進行歸納意義，找出相似性和差異性，可以累積創意分析判斷的知覺能力，如圖2.7「齒輪鬧鐘的知覺引線」。

1. 齒輪和鬧鐘都會轉動。
2. 鬧鐘用於人睡覺，齒輪用於機械轉。

汽車輪胎像齒輪鬧鐘一樣有大小尺寸，像車子品牌ＢＭＷ一樣有識別標誌和文化。

比較齒輪和鬧鐘的相似性和差異性，知覺引線遷移到汽車輪胎

▲ 圖2.7　齒輪鬧鐘的知覺引線

二、分析產品類比性和應用性

　　手提包和調色盤都是生活常見產品，類似比擬應用則變成手提包鬧鐘和調色盤鬧鐘的創作。手提包鬧鐘是從擬人類比，把個人意識投射到要創作的產品上，可以理解原本手提包不會動、時鐘會動，創作者希望提著包包，隨時可以掌握流動的時間感。調色盤鬧鐘則是把「調色盤」和「鬧鐘」兩個不相關的概念強力壓縮，產生新穎的時間感。如圖2.8「手提包和調色盤的知覺引線」。

擬人類比～我希望鬧
鐘可以像包包一樣提
著走，讓流動的時間
像時尚手提包走動。

象徵類比～時間像彩
色顏料般可以上色。

手提包和調色盤的類比和應用，知覺引線遷移到時間歲月

▲ 圖2.8　手提包和調色盤的知覺引線

三、創意點子尋求遷移關係性

下面這幾張鬧鐘圖譜是全球排名前十大鬧鐘之一，你可以Google
一下知道它們的創作原因。然而，不妨從上面鬧鐘圖譜的分析方式，
試試歸納知覺引線的相似性和差異性、類比性和應用性，發想點子
尋求遷移關係性之間的創意趣味，或許你還可發想另一個新的創意
鬧鐘！如表2.1「應用知覺引線看世界排名鬧鐘」，第一個鬧鐘需要
發現關鍵按鈕，第二個鬧鐘需要拼對圖譜，第三個鬧鐘需要把蛋放回
籃子，第四個鬧鐘需要抓住空中飛的浮球，如此，每個鬧鐘才能被掌
控，鬧鐘不會一直響鈴，鬧鐘創意點子尋求按鈕、拼圖、找雞蛋、會
飛等遷移關係性，鬧鐘就有新創意。

表2.1　應用知覺引線看世界排名鬧鐘

Find the pin	Wake up puzzle	Chicken and egg problem	Floating around

歸納知覺引線遷移關係性	練習一下，歸納知覺引線遷移關係性，創作你的鬧鐘。 1. 蒐集資訊找相似性和差異性。 2. 分析創新產品可採行類比性和應用性。 3. 創意發想點子尋求遷移關係性。

知覺引線的轉接器

原點和創意聯想之間常需要「轉接器」協助，才能連接到主體設計思考。知覺引線的轉接器讓人感覺到場域現象後，可以轉到相對應的創作思維，自然很順的接軌到整個創作作品的設計上。以下列舉數字的外形，如何「轉」念「接」物，創意實踐知覺引線，所引發的系統性設計思考脈絡。當然，你也可以試試看其他數字的外形，練習「轉」念「接」物的創意思維與設計。

壹 數字知覺引線的轉接器

一、數字的外形

請你依照下列趣味數字創意作品，和下面的知覺引線「像、掛、玩、用」連連看，如圖2.9「趣味數字創意作品連連看」。

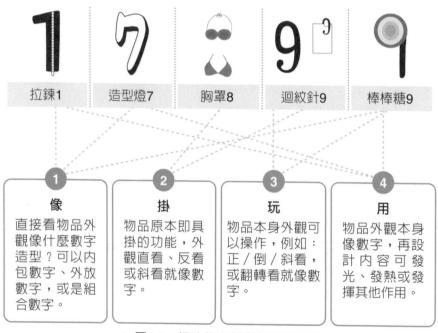

| 拉鍊1 | 造型燈7 | 胸罩8 | 迴紋針9 | 棒棒糖9 |

1 像
直接看物品外觀像什麼數字造型？可以內包數字、外放數字，或是組合數字。

2 掛
物品原本即具掛的功能，外觀直看、反看或斜看就像數字。

3 玩
物品本身外觀可以操作，例如：正/倒/斜看，或翻轉看就像數字。

4 用
物品外觀本身像數字，再設計內容可發光、發熱或發揮其他作用。

▲ 圖2.9　趣味數字創意作品連連看

再次練習「轉」念「接」物，想想如何利用像、掛、玩、用在數字的轉接作用上。

像 拉鍊外觀像1，可以用對比色呈現1，更突顯數字的圖像。

掛 胸罩8即是掛的作用，可以做成掛牆壁燈具或是收納包。

玩 迴紋針9是可以玩出各種造型，而且可以模組化整體和部分結構。

用 棒棒糖9慢慢消退、變化或加強部分顏色，可以更有樂趣。

二、數字的意義

請依照下列「數字生活用品組」作品，和下面的知覺引線「細、貼、知、覺」連連看。如圖2.10「數字生活用品組連連看」。

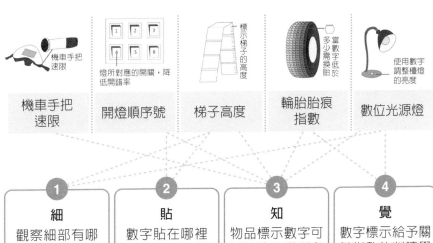

機車手把速限　開燈順序號　梯子高度　輪胎胎痕指數　數位光源燈

1 細
觀察細部有哪些地方需要增強數字？例如：梯子高度標示數字，讓工作者對照所在高度。

2 貼
數字貼在哪裡最適當？例如：貼在電燈按鈕，可以知道哪一間房間對應哪一個號數。

3 知
物品標示數字可以快速知道所處數字意義。例如：機車手把速限，可以知道目前速度為何？

4 覺
數字標示給予關鍵指數的判讀覺悟。例如：輪胎胎痕指數，可以標示已達到需要更換輪胎的數字。

▲ 圖2.10　數字生活用品組連連看

可以再練習「轉」念「接」物，想想如何利用細、貼、知、覺在數字的轉接作用。

細	梯子高度，重要尺度，運用數字變色突顯高度（數字）的重要性。
貼	數字貼，運用各種材質做成捲尺、貼紙或硬式尺貼更多樣化。
知	車速極限數字意義，把速度或重量臨界值意義配合數字呈現。
覺	輪胎齒痕覺悟數字賦予的趣味、重要性、識別性等意義。

貳　水平和垂直創意思考的轉接器

從一堆陌生但又新奇的新資訊當中，如何發揮創意思考，找出類似前述數字的知覺引線轉接器，有關「像、掛、玩、用」和「細、貼、知、覺」等關鍵詞呢？熟練水平思考和垂直思考架構，可以提供你快速掌握關鍵性思考要點。

一、水平思考

水平思考簡單而言是一種跳躍思考（jumping thinking），即跳脫原點的思考，原點是看到原物的感覺和知覺，再加以無厘頭的聯想之後，找回原點進行有點「強迫性」結合意念和產出作品。以下說明幾種有趣的水平思考方法。由於跳躍思考，所以常會有不連貫、無厘頭、多想像、非邏輯的現象產生。

（一）六頂思考帽～顏色情緒法

六頂思考帽（Six Thinking Hats）是由愛德華・迪・波諾（Edward de Bono, 1933-2021）所創的思考方法（江麗美譯，1996），透過紅、黃、黑、白、綠、藍等六種顏色，提供不同向度的思考方式。

請先連連看圖2.11「六頂思考帽意義作品連連看」，這些顏色給你的直覺意念是什麼？接著，如果這六種顏色，要把顏色和顏色意義一起作連結，塗鴉圖譜，你會如何單一用色或整合上色呢？

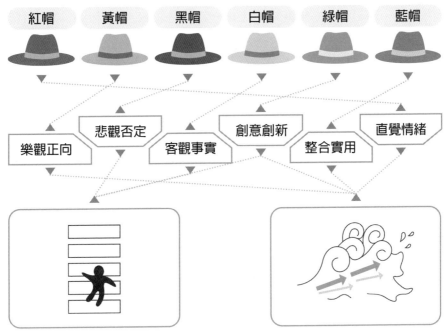

▲ 圖2.11　六頂思考帽意義作品連連看

　　六頂思考帽是以顏色作為思考方向引線，知覺到顏色代表特色意義後，賦予創作元素到作品當中。因此，從紅色像火一樣，象徵直覺情緒表達；黃色猶如皇帝莊嚴，代表凡事樂觀正向；黑色代表凡事無望的悲觀否定；白色意味著毫無雜質的客觀事實；綠色就像稻浪翻滾變化的創意、創新；藍色則如大海深邃，帶領組織整合應用。

　　圖2.11左圖「倒在血泊中的人」突顯最容易出現在斑馬線的實際情況，呈現走斑馬線是安全的客觀事實，不走斑馬線則易造成悲劇，以及應注意左右來車才不致發生意外事故等現象。此一圖譜思維融合白色、黑色和綠色等三種思考帽，透過白色（斑馬線）、黑色（倒在

血泊中的人）、綠色（創意表現畫面），這白、黑、綠三色的三種思考帽作爲知覺引線，讓走在斑馬線上的人，能反思認知走斑馬線的優點。

圖2.11右圖「白浪滔滔停車場」則結合紅（箭頭指引）、黃（箭頭陰影）、綠（不規則海浪形狀）、藍（整合海浪和箭頭）等四種顏色作爲知覺引線，如果就地整合墾丁的海浪變成繪畫，在墾丁海邊停車場作方向指引，可以給停車的人認知思考到已經到了海邊，下車後可以盡興的玩，但也要小心地玩。這種利用六頂思考帽的意義進行各項設計思考，反思認知意義來詮釋放在路面上的圖譜，透過預言反諷，可以作爲閱讀者和參與者思考當下此時此刻的所有行動，是很有意義的知覺引線轉接想像和作品的轉接器。

六頂思考帽提供顏色意義，進行推論產品設計取向或是解決策略方向，以下歸納六頂思考帽意義和實例說明之，如表2.2「六頂思考帽意義和實例」。

表2.2　六頂思考帽意義和實例

六頂思考帽	意義	實例	說明
	1. 紅帽 2. 直覺、情感 3. 不必解釋、辯解，直覺經驗判斷		1. 刺蝟帽 2. 意義：想攻擊我，我必反擊 3. 表達：我不是那麼好欺負
	1. 白帽 2. 中立、客觀 3. 常以事實、數字、證據做判斷	POLICE	1. 警察閃燈帽 2. 意義：警帽閃燈發聲，請注意 3. 表達：我是警察秉公處理
	1. 黃帽 2. 積極、正面 3. 從利益、價值、可取之處著手		1. 記得向上拉的正向帽 2. 意義：一定有辦法解決 3. 表達：只要抱持正向價值觀，凡事都將成就

六項 思考帽	意義	實例	說明
	1. 黑帽 2. 謹慎、負面 3. 以批判、悲觀提出警戒和符合邏輯		1. 可以掀蓋的藏物帽 2. 意義：如果放不滿就別放進去 3. 表達：放到頭上一定是安全、正確、可行的東西，才置入
	1. 綠帽 2. 創意、巧思 3. 探索建議新點子和方案，追求創見		1. 多色帽 2. 意義：給你猜想假設顏色帽 3. 表達：彩虹一定是七彩顏色嗎？有性別之分嗎？
	1. 藍帽 2. 統整、控制 3. 綜觀全局、整合意見、做有效結論		1. 接聽人際網路帽 2. 意義：隨時都知道資訊意見 3. 表達：凡事我都知道發展走向，以及如何處理脈絡做有利結局

（二）心智圖～跟著大腦思維記錄圖

　　心智圖（mind mapping）是由英國的Tony Buzan（1942-2019）所提出，透過文字、圖案、數字、邏輯、符號、色彩、空間意識等，提供大腦潛能全方位開發的有力圖譜式思考技巧，給予大腦自由漫步在無止盡範疇，應用在生活多方面需要改善學習、刺激思維及幫助整合思想與訊息，以達增益人類表現為目的，例如：圖2.12「心智圖的定義」可以如下表現方式（Buzan, 2018）。

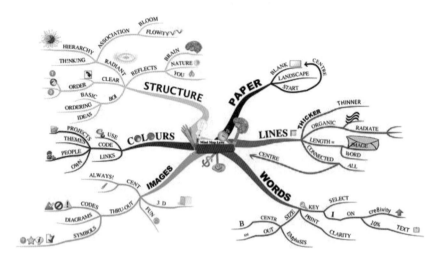

▲ 圖2.12　心智圖的定義

資料來源：Tony Buzan (2018). Mind mapping. 取自http://www.tonybuzan.com/about/mind-mapping/

　　Tony Buzan倡導心智圖的發想步驟，主要包括下列七個步驟：
1.從空白紙中心開始向外發想；2.使用圖譜或圖畫作為中心構想；3.用
顏色貫穿整個心智圖；4.連結主要脈絡和各個支線到中央圖案；5.心
智圖的各個支線多用曲線取代直線；6.每條線用關鍵字說明；7.使用
圖案貫穿整個心智圖。

　　例如：如果要為台南市白河區「六重溪部落」開發創新部落產
品，可先以心智圖分析後，如圖2.13「六重溪部落心智圖分析產業發
展」，再透過視覺設計產品意向，發展各種宣傳用品和周邊商品，如
表2.3「六重溪部落發展商品設計」，如此，對於發展觀光產業、認識
在地文化和推動社區凝聚力，具有實質作用力（劉原豪，2020）。

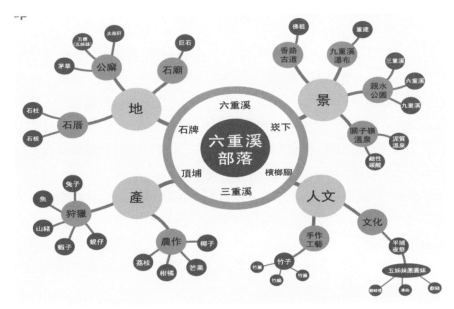

▲ 圖2.13　六重溪部落心智圖分析產業發展

表2.3　六重溪部落發展商品設計

| 部落紙袋 | 部落明信片正面風景 | 部落明信片反面郵遞 | 部落短袖上衣設計 |
| 部落馬克杯 | 部落帽、鞋、襪、傘 | | 部落果乾包裝袋 |

　　你也可以試著擬定中心主題，依照前述心智圖要點和步驟，畫出你的心智圖，再依據心智圖，規劃行動策略或是產品設計。

二、垂直思考

　　垂直思考是指爲了蒐集了解資料的意義、歸納演繹，以及統整描述發生狀況，發揮深入探究問題和聚斂推理思考問題的能力。蒐集了解之目的在於知道事實的眞相；分析歸納的目的主要是搜尋相關資料，練習由寬變小找出共通性，或由小變寬發展相關性原則的思考能力，最後把凌亂資料化爲有意義資訊的能力；統整描述則是利用邏輯歸納推論，創作具有理性思維的作品或解答。

　　垂直思考經常運用蜘蛛圖、鎖鏈圖、樹狀圖和檢核圖表等框架，作爲蒐集了解資料的意義、歸納演繹，以及統整描述等垂直創意思考工具（沈翠蓮，2018），如圖2.14「垂直思考工具圖範例」。善用垂直思考工具對於創意設計的發想過程具有目標性、合理性和邏輯性的作用，創作的作品或服務策略，經常可以提供設計思考解決問題的精密性設計。

1. **蜘蛛圖**：像蜘蛛造型，從核心主軸和分支細節找尋意義關係，如五官圖。
2. **鎖鏈圖**：像骨牌造型，從相關鏈結的程序步驟創造共同脈絡關係，如寫作步驟圖。
3. **樹狀圖**：像樹枝層架造型，從系統結構的因果關聯確立概念和屬性關係，如行銷平台圖。
4. **檢核圖表**：如雙向細目表，從圖和文字說明需求事實的簡易關係，如浴室清潔檢核圖。

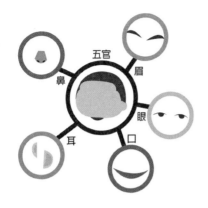

蜘蛛圖－五官

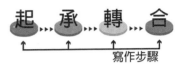

寫作步驟

鎖鏈圖－寫作步驟

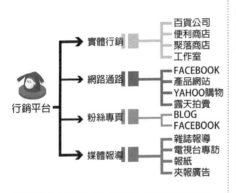

樹狀圖－行銷平台

檢核圖表──浴室清潔檢核

品項	圖示	檢核績效			檢核日期
		✓	O	✗	
水龍頭					
洗臉台					
蓮蓬頭					
地板					
天花板					
燈					

檢核圖表－浴室清潔檢核

▲ 圖2.14　垂直思考工具圖範例

03 銜接知覺和創意解題引線

 壹 練習引線記錄繪畫新意義

　　許多時候人需要有個「引線」作為想像連接點，猶如大腦裝了自動想像機器一樣，不斷聯想到許多蛛絲馬跡的關聯性。透過這個發想原圖，可以發想出許多原本意想不到的可能。例如：「傷心欲絕的秦淮河女人」、「可更換之彈簧剪」、「破碎的信仰」和「我家門前有小河」，如果少了「十字架」或「W」這個「引線」，後續的表現創意作用力，肯定難以創作出相關作品。如圖2.15「符號引線繪畫新意義的創作」。

　　因此，試著從汽車的標誌、品牌的商標、作品的線條、家具的造型等許多各式各樣的引線，記錄下簡單的符號，試著從這個符號，繪畫新意義的作品，你可能因為這個引線的觀察思考、聯想轉移、整合創造出另一個不一樣的新境界。

傷心欲絕的秦淮河女人

可更換之彈簧剪

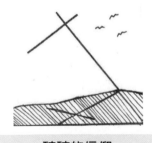

破碎的信仰

我家門前有小河

▲ 圖2.15　符號引線繪畫新意義的創作

貳 練習完美和缺陷的體驗遊戲

人在衝突對立時最容易釋放各種本能，面對各種挑戰時容易激起本能的張力。例如：桌上遊戲的設計充滿了許多創意發想，可能是北極熊站在冰塊上面，藉由冰塊融化，教導小孩對於環保議題和全球暖化的概念；可能是透過兩大對立陣營，玩家都會扮演忠於某個陣營的間諜角色，其餘玩家則會扮演無辜捲入間諜生活的路人；可能是玩家要輪流看圖說故事，要說的模稜兩可，讓其他玩家去猜，猜中與猜不中均要拿捏。這些虛擬世界的遊戲通常是益智且有心機的桌遊，藉由觀察自然現象、文明社會、器物發明和心理靈性等創意設計，激發人類各種想像。成人和兒童的真實世界不同於虛擬世界，如能面對問題練習解決技巧，練習「把大師忘掉」的追求完美，和「把大師找回來」的補償缺陷，無論在虛擬或真實世界隨時動腦，都有相當驚人的想像創造力產量。

「惡魔果實」是航海王裡面出現的一種果實，吃不同的果實會有不同的能力。在創意發想許多點子過程中，練習把完美和缺陷進行謀合，而非單一向度思考絕佳組合，面對碰撞、衝突處理時，可以在矛盾不可能狀況中找出解套，是跟定知覺引線的重要策略。例如：遊戲發想可以惡魔果實為造型的餅乾，透過擲骰子進行遊戲，同時運用時尚流行的代幣，在網路上造成一股愛心話題，遊戲結束獲得勝負成績，則依序請大家吃哈密瓜、鳳梨、香蕉等代幣愛心餅乾，同時做公益，集合各式惡魔餅乾後，可以依點數做公益，分送給育幼院和偏鄉地區的孩子，達到遊戲與公益同時進行的創意。如圖2.16「惡魔果實遊戲發想圖」、圖2.17「惡魔果實餅乾圖」。

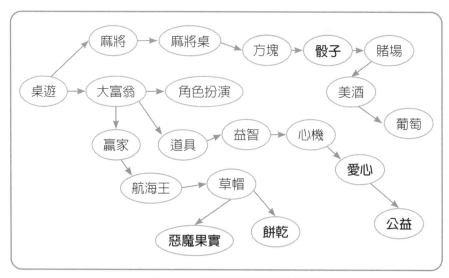

▲ 圖2.16　惡魔果實遊戲發想圖

▲ 圖2.17　惡魔果實餅乾圖

參　練習放空思維和選擇性注意

　　經常練習放空思維，再回到現實世界面對問題，創意處理問題經常可以獲得意想不到的結果。下面是個有趣的故事（CMoney投資網誌，2015），如果你是富翁，你會怎麼想呢？

有一個富翁得了絕症，他覺得自己將不久人世，心中很難過，還好他去請教一位隱居的名醫。名醫把脈診斷後，說：「這病除了一個辦法外無藥可醫，我這裡有三帖藥，你依序照做，一帖做完再打開另一帖。」富翁回到家，打開第一帖：「請你到一處沙灘，躺下30分鐘，連續21天。」富翁半信半疑還是照做了。結果每次一躺，就躺了2個小時，因為雖然他很有錢，卻從來沒有這麼舒服過，聽風、聽海和海鷗鳴叫。第22天他打開第二帖：「請在沙灘上找5隻魚或蝦或貝，將牠們放回海裡，連續21天。」富翁還是滿心懷疑，仍舊照做了，結果每次將小魚、蝦放回海裡時，他卻莫名地感動。第43天他打開第三帖：「請隨便找一枝樹枝，在沙灘上寫下所有不滿和怨恨的事。」每當他寫完沒多久，海浪漲潮時就把那些字沖掉了，他哭了。回家後他覺得全身舒暢，很放鬆，甚至不怕死了。

原來人因為學不會三件事，所以不快樂：一、休息；二、付出；三、放下。

生活當中充斥太多訊息，當想要講話的時候，卻經常想不起來、說不出來。太多該記、該聽、該算、該做和該付出的責任等，這些無法作為優質鷹架，有礙知覺引線的鏈結，來去之間學習放空，反而有助於銜接創意引爆點。碰到類似「三帖藥和放下」故事中的正向面對瓶頸或跨越瓶頸歷程，練習放空思維和選擇性注意，會讓你因為有感動的記住關鍵點，而遺忘干擾銜接轉接器的雜質。

肆 善用社群傳播當知覺引線

一、多發揮感覺見聞並發布消息

　　網路搜尋引擎經常作為激勵發揮務實性想像的引擎。每個人物、節慶、賽事或特殊事件等想像，總會創造許多想像在網路首頁，讓人很具體的體驗參與。從舉世聞名的科學家、數學家、文學家、天文學家、音樂家、畫家等人物；春節、端午節、雙十節、七夕、中秋節等重要國家節慶；奧林匹克運動會、人權運動、科技趣味、太空旅行等全球關注議題。網路上的搜尋引擎，讓全球幾十億用戶都能迅速理解搜尋引擎與自己息息相關。因為看得見具體事實，延伸更多元創意將在全球繼續擴散發酵，一切回歸到事實面，才能激勵後續更多的辯論或產業的產生，知覺引線越鮮活轉接器會變得更穩定。

二、多發揮知覺和後設思考並找出鏈結點

　　淘寶網、Pinterest、Kickstarter、噴噴等行銷或募資網站有許多創意作品，這些作品很多創作來源都是從夢想起飛，延伸個人意識型態、外在環境評議、感覺觸點聯想和世界公民抱負等思維向度，深度思考後的植入性設計。夢想起飛幾乎都是從作夢或追求慾望為起點，延伸個人意識型態則偏重主觀性的行動和價值作為探索方向，外在環境評議經常朝向動腦、動心思做出想法，感覺觸點聯想則提供選擇關聯性觸點，世界公民抱負不外乎朝向全球關注議題作為創作發想。當你多發揮知覺和後設思考並找出鏈結點，就會發覺創意表現截然不同。

三、多元跳躍想像變成分享論點平台

　　TED（technology, entertainment, design）是科技、娛樂和設計的英文字首縮寫，TED誕生於1984年，起初是希望藉由眾多科學、設計、文學、音樂等傑出人士，分享他們可以改變人們對這個世界的看法，使人們反思自己的行為。從TED的演講當中可以聽到對於科技、娛樂、科學、自然、社會和設計等最新構思，現場分享錄影後再經由媒

體傳播，擴散聯想變成社群討論分享論點平台。在媒體資訊傳播工具不斷翻新，APP、直播、打卡等新點子思維不斷產生，多元跳躍想像變成分享論點平台，經由技術建構即能產生更多共構的新創意。「多元跳躍新點子」是知覺引線轉接器的重要媒介。

伍 **練習知覺引線引爆創意燃點**

你可以試著找找圖2.18「水滴斑馬線發想圖」，分別應用哪些知覺引線，引爆創意聯想，而產生想像創意的創作。

接觸點	喝水—水龍頭—滴水—滴到地上
轉接器	滴水—滴到地上—有痕跡—擦乾—畫線……
	滴水—滴到地上—轉轉—圓圈—水滴—玩—跳……
解題	水滴遊戲APP、左玩右跳水滴斑馬線

▲ 圖2.18　水滴斑馬線發想圖

水龍頭和水滴是每個人生活常見的現象，首先在接觸點部分，透過外在環境特徵的觀察，尋求關聯節點，轉接到有意義的接觸點，可以得知：水龍頭的開關是水滴出入的重要通道；接著在轉接器部分，由水平思考和垂直思考的文字接龍發想，可以找到關鍵詞畫線、玩、跳，如何接到創作主題「斑馬線」的設計思考；最後在解題部分，從動靜態體驗遊戲和社群傳播思考，可以創作水滴遊戲APP，讓從水龍頭開水後的水滴，依序匯集在不同長度的斑馬線，再從遊戲比較速度快慢或得分高低來區分勝負。也可以，設計左玩右跳水滴斑馬線，放在公共區域讓親子一起玩跳格子遊戲。簡言之，看到水滴的造型因為時間的變化，可以作為知覺引線的APP玩遊戲，也可以作為水滴斑馬線。

創意挖新知報導

一、創意發想問題

現代人寵毛小孩可能比對待自己都還要好。毛小孩最受寵，寵愛貓狗的主人心疼毛小孩，常常會想怎麼把毛小孩養得健康神氣和乾淨舒暢，WOOF WASHER 360是個360度轉環的環狀出水蓮蓬頭，像個有接握把的呼拉圈，或是網面沒有線的網球拍，握把接了自來水，即可以讓毛小孩身體，站在呼拉圈內（或網球拍內圈），環圈內出水，來回在毛小孩身體繞圈圈，洗淨毛小孩的身體。

二、創意設計思考

WOOF WASHER 360重量僅有104g，多功能洗狗神器包括以下特質：

❶ **快樂沖洗模式**：具泡沫及沖洗二種洗澡模式，360度噴射水花噴灑寵物全身，讓狗狗舒舒服服沖洗全身，舒適的洗澡方式，狗狗一般都會乖乖的站著讓人沖洗。

❷ **舒適環圈材質**：採用高品質塑膠材料和柔軟舒適的橡膠製成，不含任何有害物質，以確保寵物的健康和衛生，讓洗毛小孩像在玩耍一樣好玩，不會因為不舒服的碰觸，造成皮膚或身體傷害。

❸ **戶外室內適用**：由於WOOF WASHER 360只須接出水口，即可給毛小孩開心地玩耍潔身，在室內、室外都可以使用。目前這個毛小孩洗澡神器，已經發展更新穎實用的創意設計。

三、新知報導相關圖片

WOOF WASHER 360　　毛小孩神器洗頭　　毛小孩神器噴水　　毛小孩神器外觀

四、感覺和創意解題

▶ 你分析過毛小孩喜歡怎樣的洗澡方式嗎？洗毛小孩身體上的毛，可以洗得舒服暢快嗎？現在**WOOF WASHER 360**可以繼續發展為洗澡、整毛、吹風和按摩，都可以一次完成的洗澡神器嗎？

▶ **WOOF WASHER 360**的知覺引線是圓圈，可以雙重圓圈噴出水花設計嗎？若是針對頭部、下體或尾巴，可以做出別種更適合毛小孩的包裹式設計嗎？

▶ **WOOF WASHER 360**可以怎麼改造，用來洗更大的家畜或更小的鳥禽或其他寵物呢？

知覺‧真有用

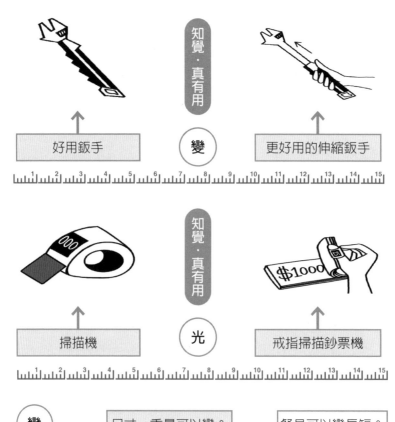

好用鈑手	知覺‧真有用 變	更好用的伸縮鈑手

掃描機	知覺‧真有用 光	戒指掃描鈔票機

變	尺寸、重量可以變？	餐具可以變長短？
光	光可以殺菌、點數？	手機的光可殺菌？

多從觀察聯想認知周遭變化，找到知覺引線作為創意設計

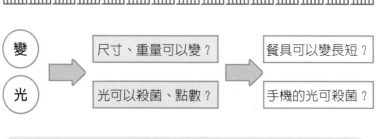

換你做做看～知覺‧真有用

本章心得

第三章

後設認知和
創意解題

經典、驚喜
&
驚探、驚嘆

後設認知和創意問題解決像是創意發想和行動的左右手,當你用盡感覺去聽、去看第一、二、三……N遍時,多少可以悟出道理,到最後思考、翻轉、顛覆,直到找到可以發想判斷的創作,許多困頓難解的問題,自然而然也在創意解題中做出最佳成果。第一節,從直擊後設認知的案例和祕方,可以從外在訊息加以理解、監控、轉化和檢索出新創意;第二節,說明創意問題解決的案例和祕方,得知如何架構創意問題、發想點子、準備行動和評估方案展現創意;第三節,經由創意解決問題步驟的練習,挑戰自己創意產出的能量。

01 後設認知的案例和祕方

請運用書中的一次性後設思考、多重性後設思考、N次方後設思考等創意技法，作創意聯想和設計思考。

02 創意問題解題的案例和祕方

請運用書中的旺萊山鳳梨酥的垂直思考解題方法，以及Fish Flops沙灘鞋的水平思考解題創意技法，作創意聯想和設計思考。

03 創意解決問題步驟和案例

請運用書中創意解決問題步驟，Wii和寶可夢的創意故事、發光舞貓和真空壓縮泡泡的創意技法，作創意聯想和設計思考。

✓ 創意挖新知報導

✓ 創意賣味練習題

健康刺青貼片 的創意啟示錄
‧‧‧‧‧‧‧‧‧‧‧‧

健康是人生的基石，偵測健康要攜帶的量測工具太多了，像個OK繃似的健康刺青，可以隨時追蹤健康狀態，解決意外狀況的擔心問題和即時處理的時效性。

後設認知（metacognition）重視「思考了幾遍」、「有無跳脫原點，再思考幾遍」、「回到原點，再思考後設認知幾遍」的適切解題歷程。後設認知又稱為「認知的認知」或「知識的知識」。簡單說，認知是指記憶、理解、分析、判斷、綜合和評鑑的歷程，後設認知就是對自己對外在刺激資訊的記憶、感知、計算、聯想等認知過程的再思考。換言之，後設認知是知道你在想什麼（know what）或是知道你是如何想（know why）的再思考。有了後設認知能力，個人對自己認知歷程的主動監控與結果調整，以及對所有認知過程的總匯集能力，會有更具體明確的行動導向。

壹 一次性後設思考：根本問題思考一遍

一、定義

如果從根本問題思考一遍，可稱之為「一次性後設思考」。例如：發生問題想要解決，通常會從淺層或表面出現的問題，進行思考為什麼會這樣（know why）？或是什麼因素（know what）造成這種現象呢？

二、案例說明

「罪惡感筷架」如圖3.1，即是想怎麼讓筷子放下時，筷架會帶給人認知到「吃」的相關資訊。例如：吃東西要意識到「節制」、「加快或放慢速度」、「注意均衡營養」、「要顧及他人感受」等問題，那就用文字「罪」作為解決這些問題的反應，使得「罪惡感筷架」，能讓使用者有後設認知的「主動監控結果」和「調整如何用餐」意識，在放下筷子的剎那間，理解自己如何吃，才不會造成變胖、太瘦、營養不均、高血壓、高血糖、高血脂等。吃的問題在吃的器物，直接看到筷架所提供「罪」的資訊，這是根本問題思考一遍的創意設計。這種創意技法，提供直接思考罪的對象、意義、相對性、關聯性

等，由視覺和觸覺的接觸感覺，發展到大腦知覺筷架罪的意涵和飲食關係，個體由直覺進入後設認知，省思如何因應飲食問題，這是從使用者立場同理心的後設認知創意。

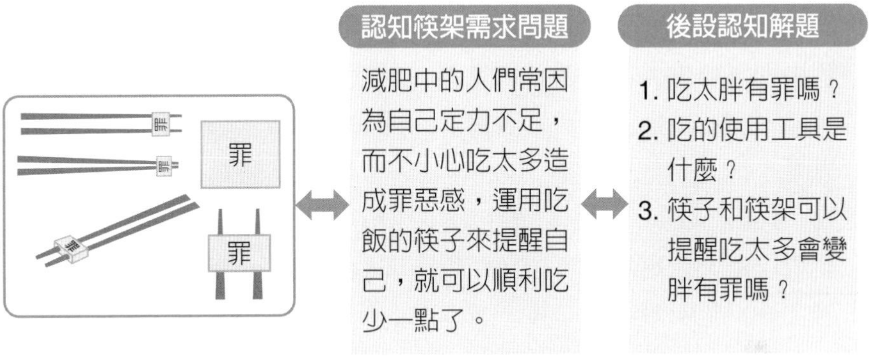

認知筷架需求問題	後設認知解題
減肥中的人們常因為自己定力不足，而不小心吃太多造成罪惡感，運用吃飯的筷子來提醒自己，就可以順利吃少一點了。	1. 吃太胖有罪嗎？ 2. 吃的使用工具是什麼？ 3. 筷子和筷架可以提醒吃太多會變胖有罪嗎？

▲ 圖3.1　罪惡感筷架設計、認知問題原因和後設認知解題

貳　多重性後設思考：根本問題思考多遍

一、定義

如果從根本問題進行思考好幾遍，可以稱之為「多重性後設思考」。例如：發生問題想要解決，除了淺層或表面問題進行思考為什麼會這樣（know why）？或是什麼因素（know what）造成這種現象呢？其次，還會從設計這項作品還需要如何做（know how）才能做得出來？為誰而做（know who）？考量到生產材料、方式、機能、作用、操作、價格、消費行為等，否則很容易產生空想而無益解題，最後產品並無產出的可能，當然問題也無法解決。

二、案例說明

「死亡儀表板」如圖3.2，是讓使用者看到儀表板標示的意義後，會知道區分速限的意義和產生作用。後設認知問題是在於車禍常因為車速過快，而造成終身遺憾，如果可以在車上加裝提醒燈及聲音，透過影

像及聲音來提醒駕駛者車速過快，進而降低高速駕駛的危險。死亡儀表板會隨著車速越快，警報聲越緊促且大聲，燈光也會越閃越快。因此，對於設計「速限」進行意義分類為紅臉、骷髏臉和BYE臉等三種速限，透過提醒燈和聲音，提供駕駛者操控速度時調整駕駛速度行為。

事實上，對於「安全駕駛」可能有許多解決方法，但如何創意問題解決則需要思考為誰而做的意義。對於「安全駕駛」設計重點不在於「遵守交通規則」、「不酒駕」、「違規罰款」等可能解決方式進行思考，而是透過使用者（know who）開快車易肇事，感官接觸目標物（know what）後如能產生監控作用（know why），產生的意義和記憶作用，會更加理解如何使用方向盤珍視生命價值。所以，進行多層次分析判斷設計取向後，並理解此一設計提供駕駛者可以認知到「安全駕駛」行為的重要性。

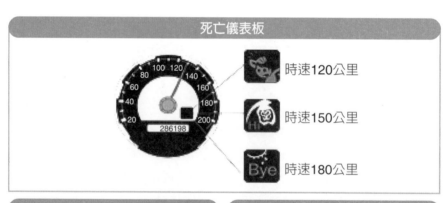

▲ 圖3.2　死亡儀表板設計、認知問題原因和後設認知解題

參 N 次方後設思考：根本問題思考 N 遍

一、定義

　　N次方後設思考是從根本問題思考N遍，有時會有靈感性解決問題的可能，有時可能還需要很長時間處於孵化醞釀階段。不只是針對問題進行思考為什麼會這樣（know why）？或是什麼因素（know what）造成這種現象呢？作品想要如何做（know how）？為誰而做（know who）？等再知識性的思考解決問題方法。更重要的是，不斷地從獨創性、可行性、進步性和新穎性等指標，思考做到與眾不同，叫好又叫座的創意解決問題方法。

二、案例說明

　　例如：「刻露潔牙膏」如圖3.3，積極進步改變現有牙膏所沒有的特質，提醒消費者具體使用數字來控制使用量多寡，讓使用者清楚每天需求使用量的多寡，這項新穎功能改善現有牙膏使用習慣和心理期待，消費者有可能會因為使用後的感受，而帶動相關人討論該項產品，而該項產品在社群間的討論，也會促使創作產品後續更多元的想法，這種共構未來產品更多的改變，通常是創意設計者在根本問題思考N遍後，提出創意解決問題的解套方法。

刻露潔牙膏	認知問題原因	後設認知解題
指針可調整到適合的用量 刻露潔 第一次使用記錄下多少用量，之後要增多或減少用量，都可利用指針調整。	擠牙膏時因為太大力或太小力而擠出太多或太少牙膏，常常會造成困擾。如果能在牙膏前多一個控制用量的齒輪，就可以不用擔心擠出太多或太少的牙膏。	牙膏口徑加上數字，有意義嗎？意義在哪裡？數字可以換成什麼符號嗎？床單也可以標上數字，提醒夫妻互動氛圍距離。皮帶有數字，告知該增胖或減肥。

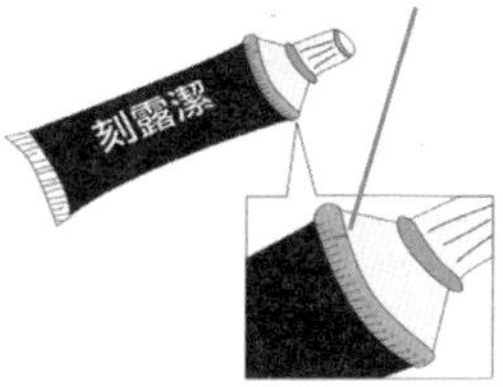

▲ 圖3.3　刻露潔牙膏設計、認知問題原因和後設認知解題

02 創意問題解決的案例和祕方

　　任何設計學習或是設計思考都希望能夠創意問題解決，找出心中最理想化的思考和行動結果。如何感溫昇華到最佳化狀態獲致創意解決問題，以下提出幾個好用、易用的創意問題解決方法。

壹　案例一：旺萊山鳳梨酥的垂直思考解題方法

一、旺萊山鳳梨酥

　　嘉義縣民雄鄉三興村旺萊山鳳梨酥觀光工廠的崛起，促進社區經濟發展和觀光工廠的經營。三興村有將近1000多公頃的鳳梨田，長久以來住著殷實的果農卻無法復甦整個農村經濟，透過旺萊山鳳梨酥觀光工廠的建置，這個位於國立中正大學附近的三興村，有著研究創意、創新精神，從鳳梨文化脈絡的想像出發，鳳梨不只是鳳梨，把種鳳梨的人（who）──農民、種鳳梨的地（where）──農田、種鳳梨的聚落（field）──農村，依照時間軸線（when），融入四季美學（what & how）的觀點，交織成農民生活、農田生態和農村四季的文化脈絡和四季美學。透過W思考法則，可以理解旺萊山鳳梨酥的發展背景脈絡。

二、應用數學象限邏輯分析

　　因此，如圖3.4「旺萊山的鳳梨酥綺麗世界」，在第一象限的「文化・農民・四季・生活」發想中，有著慢活的作息、優雅的農舍、生活的慶典、自然的農產、美味的品嘗、低碳的生活等創意點子產出；第二象限的「文化・農田・四季・生態」發想中，有著土地的風貌、環境的教育、季節的色彩、生態的復育、農田的意識和友善的耕作等創意點子產出；第三象限的「文化・農村・四季・生產」發想中，有著生產的履歷、有機的耕種、農村的體驗、地產的延續、品牌的建構、在地的繁榮等創意點子產出；到了最後第四象限，也就在文化脈

絡和四季美學的理念引導下，復育出農民生活、農田生態和農村生產，鳳梨酥觀光工廠的發展也依循著文化脈絡和四季美學得以發展特色經營。

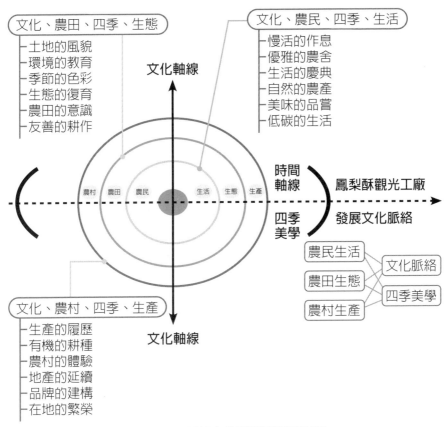

▲ 圖3.4　旺萊山的鳳梨酥綺麗世界

三、應用網狀脈絡理性分析

又如圖3.5「旺萊山的鳳梨酥生活圈」，在鳳梨酥觀光工廠生活圈的經營理念和實務上，思索重視在地故事演釋、生產互動網絡、培訓課程推動、網路行銷建造、資源彙整和品牌包裝創立；結合發揮社

會議題和發酵作用，帶入國際糧食短缺、農村活絡契機、在地產銷鮮度和城鄉互補鏈結，增加觀光工廠整體生活圈的曝光率和社會責任意識；帶領未來農民、農田、農村的展望，應重視農民產銷通路、農民耕種意識、農田生產管理、農田教育體驗、農村氣象更新和農村青年回流，帶來更多具體食、衣、住、行、育、樂的可行性。

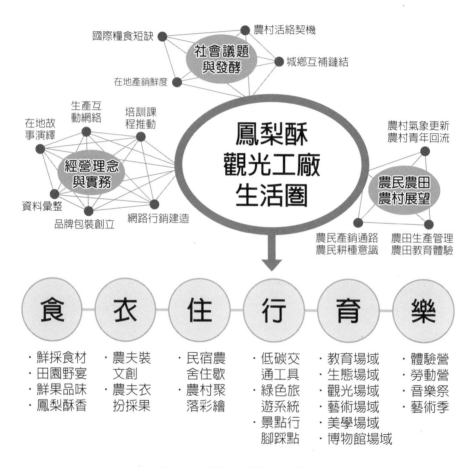

▲ 圖3.5　旺萊山的鳳梨酥生活圈

應用網狀脈絡理性分析，可以依照社會議題與發酵、經營理念與實務和農民、農田、農村展望，緊密連結融入在鳳梨酥觀光工廠生活圈的推動主軸，同時向下紮根和積極推動在食、衣、住、行、育、樂的活動項目。

四、應用垂直思考落實鄉村富裕生活

　　因此，到了鳳梨酥觀光工廠生活圈，在「食」得以品嘗鮮採食材，享受田園野宴、品味農村各種鮮果，嘗嘗鳳梨酥香；在「衣」得以發展農夫裝相關帽袋、衣物、杯具和器皿等文創商品；在「住」得以提供觀光團／客民宿和農舍住歇，甚至是進行農村聚落彩繪；在「行」得以鼓勵低碳交通工具，啟動綠色旅遊系統據點，找尋景點行腳踩點；在「育」得以提供教育場域、生態場域、觀光場域、藝術場域、美學場域和博物館場域的育樂；在「樂」得以透過體驗營、勞動營、音樂祭、藝術季等快樂活動，傳遞觀光工廠生活圈的精神與物質生活圈，整個農村生活美學得以建構，如圖3.6「有黑貓的旺萊山」快樂景象。

▲ 圖3.6　有黑貓的旺萊山

五、後設認知的垂直思考應景生活

　　轉型創新幾乎是許多業者想積極突破的事業底線，唯有衝過底線才會看見前（錢）景，從許多各類型觀光工廠的設計思維，幾乎都是從垂直思考著手。旺萊山鳳梨酥觀光工廠結合從鳳梨田開始，一連串和鳳梨有關的創作，包括鳳梨酥、鳳梨守護神、吉祥物、祈福亭、洗手間、觀景台、製作工坊、廁所等，從一個「鳳梨」語詞開始連結食、衣、住、行、育、樂等各項相關產品的發想創作。如果「鳳梨不只是鳳梨」，而是能發揮農民、農田、農村的文化脈絡和生活美學，相信會創造另外一種和鳳梨生生相映的意象產業。

　　因此，在感覺有要創意解決問題的溫度上升時，不妨列（寫／畫）下所有要發展完成具體或抽象概念，再利用像是數學象限、坐標、幾何圖形、線條或是工程圖、實物圖，把心裡和大腦所思考的概念，一一編輯進入圖譜，自然形成有機結構的十字架和腦波式複合式思考圖譜，那麼，邁向創意解決問題的途徑自然架構分明、創意十足，在準備行動實務面也較容易掌握。從旺萊山鳳梨酥觀光工廠的崛起，將近二十多年從農田、農產品發展、農業園區、商業行銷和觀光旅遊的經營脈絡，目前已發展多家分店和多元商品，也帶動整個三興村的經濟繁榮。善用垂直思考的數學象限邏輯分析，以及網狀脈絡理性分析思考，將帶動更多創意解決問題效益的具體行動和成果。

貳　案例二：沙灘鞋的水平思考解題

一、Fish Flops魚拖鞋

　　魚兒水中游，你會聯想到什麼？美國德州少女Madison Robinson想到魚會跳水、會吃和會呼氣，會反覆研究各種姿勢，像人會做各種蛙式、自由式、蝶式和魚滾式等游泳姿勢，而且還會在海草間玩躲貓貓；她又喜歡畫畫，特別喜歡把在海上和沙灘上所見聞畫下來，因此，她穿拖鞋到沙灘上作畫，畫好海洋生物在拖鞋上，就直接把畫好的魚拖鞋給店家賣和網路行銷。

Madison Robinson從 8 歲開始發想翻滾魚（Fish Flops）的畫作。於是她把各種魚游泳的畫作，通通轉移畫到夾腳拖鞋上面，拖鞋上面有著靈活有趣的海洋生物，加上她父親集資把她的畫作變成產品來賣，參加產品展，打開商店實體通路，從12歲開始賣到現在，已經是百萬美金身價的少女。

二、Fish Flops魚拖鞋的後設認知分析

如表3.1「發光LED Fish Flops魚拖鞋的後設認知分析」所示，根據感覺和感覺登錄、思考和大腦編碼提出問題、整合反應和行動，

表3.1　發光LED Fish Flops魚拖鞋的後設認知分析

解題認知模式	後設認知分析問題	檢核
感覺和感覺登錄	1. 從視覺觀察大海變化和動手畫圖。 2. 海洋世界除了畫在紙上，還可以畫在哪裡呢？	✔ 感覺 ✔ 轉成知覺
思考和大腦編碼	1. 海洋世界生物可以有什麼動作和變化？翻浪？跳躍？呼叫聲？在海灘畫圖太陽光強烈怎麼辦？ 2. 海洋周遭有什麼聲音、顏色、意義？可以應用連結轉化到哪些產品？思考魚的造型像鞋子？海草像鞋帶？游泳像走路？ 3. 我的生活和海洋最有關聯的是什麼？做成魚拖鞋可能有哪些創意和待解決問題？	✔ 再覺知 ✔ 後設思考 ✔ 編碼、轉化、檢索
整合反應和行動	1. 海洋世界生物怎麼畫在鞋子上？什麼顏料可持久？畫什麼海洋圖案最吸引人？哪些技術是別人無法模仿的？ 2. 哪些人可以協助完成海灘拖鞋產品的產出呢？怎麼安排所有任務呢？ 3. 海灘拖鞋適合誰穿？怎麼行銷呢？	✔ N 次方後設思考 ✔ 回到原點 ✔ 跳躍原點 ✔ 再回鏈結原點問題

一一提出思考問題，進行創意實務解決問題的思考。例如：「海洋周遭有什麼聲音、顏色、意義？可以應用連結轉化到哪些產品？思考魚的造型像鞋子？海草像鞋帶？游泳像走路？」即可賦予魚拖鞋的設計，可以有聲音、顏色、意義、造型、海草、游泳等意象的多次複合整體反應和行動。

三、發光LED Fish Flops魚拖鞋的水平思考

如果，你也有像Madison Robinson的魚拖鞋點子，試著把自己的海灘畫也畫在鞋子上，把海邊的「太陽光換成鞋子也會發光」水平思考，加上LED燈變成會發光的夾腳拖鞋，讓翻滾魚拖鞋能更生動實用，很可能你的創作，如圖3.7「發光LED Fish Flops魚拖鞋」。

快樂繪圖　　想像太陽在鞋上　　LED鞋上發光　　發光海洋夾腳拖鞋

▲ 圖3.7　發光LED Fish Flops魚拖鞋

四、發光LED Fish Flops魚拖鞋的解決歷程

或許不少創意解題工作者需要的是獨立冷靜的思考，然而，整合後設認知和大腦思考功能，可以發現不斷擴散連結的創意思考，類似大腦神經突觸連結思維的解題認知模式，這是提供創意問題解決的好方法，後設認知發光LED Fish Flops魚拖鞋的解決歷程如下：

（一）**感覺和感覺登錄**：從視覺、聽覺、嗅覺、味覺、觸覺五感和環境場域互動後，自然產生各種印象登錄在各種感覺，轉化爲知覺。

（二）**思考和大腦編碼**：經由垂直思考、水平思考和多元思考在大腦中進行交互作用，接著藉由期望動機產生各種好奇、好勝、探索、成就等心理現象，以及進行執行控制由大腦的編碼（聲音碼、動作碼、形象碼等）、轉換（轉化爲記憶、理解、分析、判斷、綜合、創造等認知基模和後設認知）和檢索盤點成果等反應發生。在中央地帶的垂直思考、水平思考和多元思考交錯之間，要有系統地由期望和執行控制相配合，才會在創意問題解決的思考擴散和聚斂之間，有經驗找到解題方法。

（三）**整合反應和行動**：找到解題方法時，會有各種可能反應產生，有的反應呈現可行、鮮銳、獨創、新穎和實用價值選擇，相對地，也有可能許多攪拌性錯誤、繆思、資訊和聲音干擾做抉擇，此時，在產生行動進行創意問題解決時，最好是保留解題方法進行打樣測試（prototype and test）後，再進行完整性系列行動。

五、發光魚拖鞋再延伸：光亮解救膠帶

發光LED Fish Flops魚拖鞋是從看見光線聯想到拖鞋，是屬於「視覺」的認知。應用太陽光聯想到LED結合到拖鞋，都屬於感官的視覺再加上後設認知的結果。

EYE、LIGHT、SPOT這幾個關鍵字，唸起來就好像I like Spa一樣！這是「聽覺」類比的認知，如果只是覺得好笑的知覺，所有的延伸思考就到此截止。然而，如果再次認知I like Spa的後設思考，就自然會聯想到些許問題，例如：你曾經在有水地方因爲視線不良，或是太暗而跌跤的經驗嗎？怎樣把燈光快速延伸到濕滑有水的地方呢？或許在多次元的創意思考歷程，自然而然，就會應用到相關的概念，如表3.2「創造光亮解救膠帶的後設認知歷程」。

表3.2　創造光亮解救膠帶的後設認知歷程

解題認知 模式	分析問題	檢核
感覺和 感覺登錄	1. 走路無光看不見怎麼辦？ 2. 特別是在有水或危險陰暗的地方？ 3. 什麼地方和什麼東西可以發出亮光？	✔ 感覺 ✔ 經驗 ✔ 知覺
思考和 大腦編碼	1. 暗怎麼辦？ 暗 ➡ **光** ➡ 直線 ➡ 曲線 ➡ 捲線 ➡ 電線 ➡ 延長 ➡ 電 ➡ **亮** ➡ 貼 ➡ 地板 ➡ 踢 ➡ 跌倒 ➡ 危險 ➡ **解救** ➡ **看見** ➡ 面 ➡ **便利貼** ➡ **膠帶**…… 2. 要有光該怎麼做？ 　光：從直線的光照射，聯想到各種「線」的延長 　亮：從亮的逆向，聯想到各種無光亮可能造成的狀況；解救＋看見＋便利貼＋膠帶解救方法是可以做成看得見的「便利貼」發光膠帶。 3. 膠帶除了「黏」住東西之外，還可以做什麼？	✔ 再覺知 ✔ 後設思考 ✔ 編碼 ✔ 轉化 ✔ 檢索
整合反應 和行動	1. 「便利貼」發光膠帶該怎麼設計光源？ 2. 「便利貼」發光膠帶該怎麼依照使用者或場地分類，進行不同設計？ 3. 「便利貼」發光膠帶該使用什麼材料設計和黏貼？ 4. 「便利貼」發光膠帶測試穩定度時程要多久？	✔ N次方後設思考 ✔ 回到原點 ✔ 跳躍原點 ✔ 再回鏈結原點問題

如果把這個發光膠帶，用在游泳池或SPA的地方，甚至是浴室或是樓梯台階，就可以不怕墊子潮濕問題，用發光膠帶解決濕滑、潮濕、陰暗爬樓梯的問題。「光亮解救膠帶」的後設思考發想和創意解決問題，如圖3.8「光亮解救膠帶創意解題歷程」。

擔心走在暗路

手電筒照光

一定要手電筒光？

光亮解救膠帶

▲ 圖3.8　光亮解救膠帶創意解題歷程

壹　創意問題解決的理論概念

　　創意問題解決（Creative Problem Solving, CPS）主要目標是創造出更適切和原創性的解決方式（Boden, 1995），更簡單來說，CPS是應用創意思考來解決問題的歷程。Isaksen（1995）研究相關文獻指出CPS與問題解決之間的相關概念：⑴ 問題解決是指可以明確且有條理的界定一個問題領域內的意思；而CPS則是一種模稜兩可、含糊不清的問題解決發現和方法（Carson & Runco,1999; Getzels & Csikszentmihalyi, 1976）。⑵ 問題解決需要靠記憶和藉由眾所皆知的專業技術、知識來處理；而CPS比較需要的是透過創意思考來處理（Geary, 2005; Kirton, 2003）。⑶ 問題解決所期望的結果，可以是已經存在或是可以容易獲得的結果，且問題解決需要的是專心又廣泛的尋求知識；而CPS所期望的結果，則是可能不存在但是目前可用的結果，CPS需要的是豐富的想像力和創造力（Beer & Nohria, 2000; Bossidy & Charan, 2002）。

　　簡言之，CPS是具創意思維的一種問題解決法或問題的發現。創意問題解決模式的發展，是經過不斷的理論和實務修正發展驗證，Isaksen, Dorval, & Treffinger（2000）提出四個構成要件和八個進行步驟，作為創意問題解決的解決步驟，即1.認識挑戰：1.1建構機會、1.2探索資料、1.3架構問題；2.產生點子：2.1產生創新點子；3.準備行動：3.1尋求接納、3.2發展解決方案；4.規劃你的方法：4.1設計過程、4.2評估任務。如圖3.9「創意問題解決6.1™」，這是個頗值得實務性作業參考的架構。

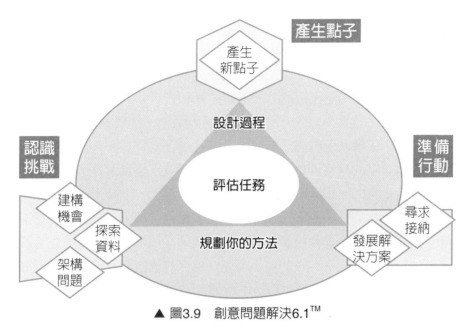

▲ 圖3.9　創意問題解決6.1™

資料來源：Treffinger, D. J., Selby, E. C., & Isaksen, S. G. (2008). Understanding individual problem-solving style: A key to learning and applying creative problem solving. *Learning and individual difference, 18*, 390-401.

貳　Wii 和寶可夢的創意故事

　　任天堂已故社長岩田聰，應用創意構想創作了Wii和寶可夢，兩個作品都以「玩，WE LIKE TO PLAY!」為設計理念主軸，把喜歡坐在椅子上只盯螢幕不動者，透過Wii的遙控器指揮，帶動人境互動的各種遊戲；把喜好窩在「宅世界」的遊戲玩家，帶去戶外，去找「精靈寶可夢GO」（Pokémon GO），這兩個作品席捲全球，拯救了任天堂財務危機。Wii研發人境互動解決傳統依賴遊戲機操作遊戲的限制；寶可夢創造手機遊戲人機互動創造實體環境和人機渴望的奇蹟，更重要的是這兩款遊戲，創意解決任天堂面臨許多科技強敵的蠶食問題，帶給玩家許多玩的快樂和公司傑出的創新表現。

任天堂「精靈寶可夢GO」是一款基於位置服務的擴增實境和手機遊戲，於2016年起在iOS和Android平台上發布。該遊戲允許玩家以現實世界為平台，捕捉、戰鬥、訓練和交易虛擬怪獸寶可夢，讓玩家一邊走路依照GPS地理位置，一邊找怪獸和寶可夢補給站訊息，達到遊玩、思考、樂趣、好奇、運動和贏家等樂趣。「精靈寶可夢GO」整合地圖、手機和遊戲的設計機制，結合地理定位、多人連線遊戲，以及在地景點的探索等幾個元素，把場景變成了現實世界，可與同好們實際走出家門，跟朋友在城市的某個角落會面，一起活動（維基百科，2018）。如此一來，玩家需要在遊戲世界中捕獲精靈寶可夢並訓練它們。因此，任天堂公司隨著科技變遷，從使用者出發創意思考許多解決公司發展產品存在的棘手問題，為今日的遊戲玩家專業設計公司領航者，憑藉的經營理念即是不斷創意問題解決的動力。

「精靈寶可夢 GO」的創意問題解決

一、認識挑戰

　　構成要件一「認識挑戰」：此組成部分包括有系統性的定義、建構、注意力集中於問題解決上。這個要件涵蓋了三步驟：建構機會、探索資料、發現問題。建構機會包括訂定問題解決的主要方向，以便釐清目標。探索資料包括蒐集和回答那些能幫助了解到主要訊息、感受、看法、印象和有關任務的問題，也就是彙集相關資訊。上述所提及的建構機會和探索資料能幫助問題解決者更了解當下的情況。問題發現指的是把後續投入的努力專注於所發現的問題點上，也就是列出達到目標所需的問題。

　　「精靈寶可夢GO」在認識挑戰要件的建構機會、探索資料、發現問題等創意問題解決，首先必須對於手機遊戲開發市場、遊戲創作走向和玩家樂趣感受，進行現況觀察和思考，以發掘寶可夢需求相關遊戲趨勢。由於Wii改變傳統遊戲過度依賴遊戲機載具供給遊戲，走

向應用「遙控器」拉開人境互動，讓玩家和遊戲軟體可以有更多生活玩樂趣味，建構遊戲提供玩家實際環境參與機會，並透過探索日本花牌遊戲、精靈寶可夢的歷史和系列作品，以及線上遊戲的玩法，把換牌、角色、酬賞、共玩等機制，一一融入到寶可夢補給站和大家一起捕捉怪獸，找尋共樂機制。寶可夢在認識挑戰的創意問題解決主要關鍵，如圖3.10「精靈寶可夢GO認識挑戰」圖。

▲ 圖3.10　精靈寶可夢GO認識挑戰

二、產生點子

　　構成要件二「產生點子」：此部分包括想出五花八門、與眾不同以應對問題解決的點子。在這個點子生成的步驟，問題解決者想出許多的點子（流暢力）、各種可能的點子（變通力）、能產生新奇獨到的點子（獨創力）、心思細密及考慮周詳的點子（精進力）。在點子產生的專注階段提供了一個考驗、檢視和統整的機會，並從中選出新奇獨到點子的機會。此一步驟僅在於專注產生構想，但強調的是激勵出創新點子的可能性。

　　「精靈寶可夢GO」在產生點子要件的創意問題解決，受到當時研發Wii的創意點子影響，當時必須突破SONY的STATION遊戲，以及微軟精采多元且套裝動感十足的線上遊戲的挑戰，但從Wii的成功經驗，「WE LIKE TO PLAY!」的口號，應用手持遙控器的控制作用，主打從小孩、青少年、成人、壯年到老年各個年齡層，都可以移動、運動、滑動甚至滾動的互動遊戲。遊戲軟體涵蓋靜態、趣味、運動、益智、居家、親子、探險和情侶等玩法，成功地以流暢、變通、精密、敏覺和獨創的創意點子，擴充對象、遊戲動作、玩法性質等，獲

得各年齡層消費者玩家的青睞。據此，依循此一脈絡創作途徑，寶可夢的使用對象，幾乎囊括手機持有者，而好奇、愛玩、願意走動的人，都是寶可夢遊戲的參與者。因此，透過GPS地理位置和尋覓寶物的歷程，讓一窩蜂個別、情侶、同學和好友，都願意交流參與既可屬於個體性，也可以是群體性的遊戲，這種參與遊戲體驗式的攝受經驗，在點子產生的專注上提供了一個考驗、檢視和統整的機會。

　　寶可夢在產生點子的創意問題解決主要關鍵，如表3.3「精靈寶可夢GO產生點子脈絡」。

表3.3　精靈寶可夢GO產生點子脈絡

創意問題解決要件	寶可夢的創意問題解決
產生新點子 考驗、檢視和統整的機會，激勵出新點子	✔ Wii怎麼玩出成功業績的考驗 ✔ 勁敵SONY-PS系統和微軟XBOX兩個遊戲如何創新點子？ ✔ 如何掌握最新科技的融入應用？ ✔ 架構大家到處都可好奇且滿足地玩寶可夢

三、準備行動

　　構成要件三「準備行動」：是指問題解決者根據「準備行動」來評估及強化解決方案，進而計畫行動方案成功的實行。在此組成部分涵蓋兩個步驟：發展解決方案和尋求接納。發展解決方案包括分析、精益求精使其成為新奇獨到的點子，當有許多點子產生時，其重點就該擺在精鍊、精簡的修飾這些點子，使其更易於辨別。但當只有些許點子時，則應著重在評估及強化它們，使其盡可能有更紮實的執行力。這個步驟可以包括從中想出各種各樣的點子，並淘汰篩選出可評估卓越點子的規準。此一步驟的重點主要是建構新奇獨到的點子，進而轉化為可行的解決方案。

尋求接納這個步驟則包括尋求可能的援助和發現可能的阻力，並找出可能影響成功解決方案實行的妨礙因素。這樣做的目的是爲了使得解決方法獲得更多人的接納，以及促進本身創造更大價值。此一步驟協助了問題解決者有效率的運用他人的援助，並盡可能的避開和克服潛在的抵抗阻力。問題解決者如能把上述提及的因素納入考量，便能評估和擬定一套完整的行動計畫。行動執行的計畫也提供納入其他選擇的可能性、可能的替代方案或是回饋的機會。

　　「精靈寶可夢GO」在準備行動要件的創意問題解決，發展解決方案和尋求接納是相當重要的階段，所有技術研發、行銷通路、業務推展、資源應用、專業人才和財務管理等，都有完整的規劃方案，以及完成尋求接納的前實驗測試階段作業，整個實踐計畫才可能問市。整個寶可夢在準備行動的創意問題解決主要關鍵，如圖3.11「精靈寶可夢GO準備行動圖」。

▲ 圖3.11　精靈寶可夢GO準備行動圖

四、規劃你的方法

　　構成要件四「規劃你的方法」：規劃你的方法涵蓋兩個步驟，即評估任務和設計過程，此綜合組成被視爲創意問題解決（CPS）圖表架構的核心部分。此組成有「管理」的功能，它指導問題解決者謹愼地分析和篩選整個過程裡的組成和步驟。舉一個在科技領域上的比

喻，或許比較能了解過程和管理組成之間的不同。想像過程的組成就好比是一組軟體的應用，像是微軟的應用程式，而管理功能的組成就好比是電腦的運作系統一樣，控制整個應用程式的融合、組織、運作、接受和修正版本等運作系統。

　　創意問題解決（CPS）模式6.1版™，強調創意問題解決（CPS）模式是一組系統，廣泛提供有組織且結合尋求構想的高效思維工具、創意問題解決（CPS）的過程組成和步驟，以及管理過程的應用架構。整個系統的這些元素，就好比是管理創意問題解決（CPS的框架）和欲達到的任務和目標之間的互動。這種互動是藉由允許回應特定需求，與整合性工具、語言和過程的方法之適當性和客製化的策略有關。一套有系統的規劃方法，可使我們更清楚認識每個人如何運用創意思維，在解決問題時產生的不同特色和所處的情境。

　　「精靈寶可夢GO」在規劃你的方法，於創意問題解決策略部分，做了許多評估任務和設計過程的設計思考，控制整個目的融合、組織、運作、接受和修正版本等運作系統。簡單來說，是把寶可夢運作背後隱藏的邏輯系統，對於評估任務和設計過程有很好的規劃方法。例如：為了讓不擅長操作者，以及得花許多時間摸索遊戲規則的玩家，能夠快速進入遊戲狀態，捕捉寶可夢設計只需要對其扔出精靈球進行捕捉，而非像正統作品裡，需要先進行戰鬥後再進行抓捕。在寶可夢的養成上，玩家也僅需要使用同一類寶可夢的神奇糖果，便可以加強其寶可夢的能力，遊戲加入了「夥伴寶可夢」（Buddy Pokémon）系統，允許玩家從自己的寶可夢中選出一隻寶可夢，它會出現在玩家的個人檔案頁面；而且隨著玩家的步行距離，它會獲得相應的神奇糖果等獎勵（維基百科，2018）。這些重新評估任務和設計過程，把複雜捕捉寶可夢作業簡化，以因應不同對象需求，創造另類簡易尋寶新角色，仍不減另類新奇尋寶樂趣，這些都充分發揮規劃你的新方法的具體創新價值。

肆 創意問題解決的另類思考

一、創意問題解決案例：發光舞貓和真空壓縮泡泡

如何讓寵物貓變成像體操選手，表現會跳舞神采又很實用的居家用品呢？家裡的沐浴乳、洗髮精如何能用到一滴不剩，僅剩空瓶呢？

發光舞貓從創意問題解決（CPS）的觀點，思考寵物貓變成什麼是最具優雅美感的寵物呢？這是第一階段認識挑戰開始建構機會、探究資料和架構問題的思考問題，可能是演員明星、模特兒、舞者……，一一蒐集相關資訊研究可以呈現令人愛不釋手的寵物風貌；接著發想產生可能的點子，例如：演員明星、模特兒、舞者的神采影像賦予的樣貌、意義和價值等；再來依照發展出來的樣貌、意義和價值等，具體考慮有關材料、形式、作法、結構、產出時程、複雜度、價格等，發展成為解決方案，徵詢可行接納方案的改進意見；最後透過評估任務，以3D列印組裝電子元件和設計處理產出過程，完成作品產出。真空壓縮泡泡的創意問題解決亦然。從圖3.12「發光舞貓和真空壓縮泡泡的創意問題解決」，可以得知：寵物貓怎麼變成「加上LED的發光舞貓」，可能需要把韻律體操選手運作舞蹈彩帶的優雅樣態，透過繪圖意象表示，以及實際模擬可能產出模樣，最後選擇以3D列印實作產出，再加以包裝裝飾有內裝發光元件的樣本產出。

真空壓縮泡泡從創意問題解決（CPS）的觀點，也可以循著創意問題解決模式，找到作品產出的最佳方式。

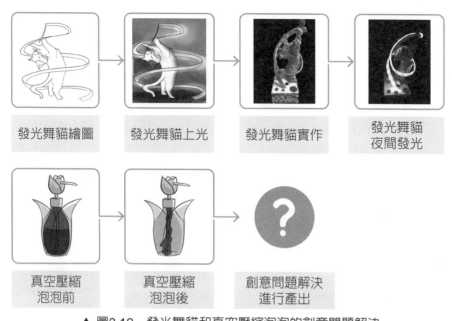

發光舞貓繪圖　　發光舞貓上光　　發光舞貓實作　　發光舞貓
　　　　　　　　　　　　　　　　　　　　　　　　　夜間發光

真空壓縮　　　　真空壓縮　　　　創意問題解決
泡泡前　　　　　泡泡後　　　　　進行產出

▲ 圖3.12　　發光舞貓和真空壓縮泡泡的創意問題解決

二、圖解創意問題解決的步驟

　　如圖3.13「後設思考發光舞貓和真空壓縮泡泡的創意問題解決歷程」，提供你多次理解、分析、整合和判斷，如何從概念、圖像、創意、產出的再次後設認知思考，依照認識挑戰、產生點子、準備行動和規劃你的方法，解決歷程和產出之間的創意問題解決。

　　作答說明：你可以化身創意行動者，用發光舞貓和真空壓縮泡泡構思來連連看配對CPS階段，哪些階段是最有關聯性，才能真正創作出可行性、接受性和評價性高的作品。你也可以自己加些創思，在第三欄「發光舞貓和真空壓縮泡泡連連看配對CPS階段」的最下面，接續你的論點和連線。

CPS要件	CPS階段	發光舞貓和真空壓縮泡泡連連看配對 CPS階段
1 認識挑戰	1. 建構機會	貓咪可以長久陪伴嗎？
	2. 探究資料	沐浴乳可以用到不浪費嗎？
	3. 架構問題	有哪些貓咪和沐浴乳的線上資訊或產品？
		貓咪和沐浴乳在生活範疇有哪些相關產品？
2 產生點子	4. 激勵新點子	貓咪和沐浴乳怎麼鋪陳食衣住行育樂關係？
		貓咪和沐浴乳呈現互動、表情和表達意義。
		圖畫和實作需要表現的形式、材料、結構等。
3 準備行動	5. 發展解決方案	進行貓咪和沐浴乳的創意改造，怎麼做出來？
	6. 尋求接納	使用者喜歡貓咪和沐浴乳的重要性或是可能原因是什麼呢？
		使用者會想購買使用的原因是什麼？
4 規劃你的方法	7. 評估任務	貓咪和沐浴乳有什麼特殊價值？
	8. 設計過程	貓咪和沐浴乳可以如何命名？

▲ 圖3.13 後設思考發光舞貓和真空壓縮泡泡的創意問題解決歷程

創意挖新知報導

科技刺青──
Tech Tats

一、創意發想問題

　　有些慢性病患者，一天需要測量好幾次身體狀況，必須隨身攜帶測量的機器，實在不方便。除了慢性病患者，健康的人如何像穿戴科技能夠快速有效地，檢測自我身體狀況。美國德州的公司 Chaotic Moon，發明一款神奇的刺青，叫做Tech Tats，Tech Tats是一種黏貼式的刺青，含一個微控制器和 LED 燈，可以算是「新穿戴式裝置」。未來需要攜帶的裝置將能直接「印」在皮膚上，隨時監控各類身體狀況。

二、創意設計思考

　　Tech Tats 必須和皮膚接觸，直接蒐集生理數據，Tech Tats可用水洗的方式清除。Tech Tats 可以反饋使用者的體溫、血壓和心跳，監測使用者是否壓力過大，再透過導電塗料傳導這些數據。不過，Tech Tats 目前只是設計原型，後續研發高科技刺青包括：1.GPS定位：可以用來追蹤失蹤兒童和登山客位置；軍隊訓練時用來偵測士兵的身體情況和位置。2.通話：未來人們可以將刺青貼在脖子上，直接進行通話。3.發電：美國加州大學聖地牙哥分校的團隊正在研發一種紋身貼片，能夠透過蒐集人體汗水和乳酸中的電子，產生電流，將汗水轉成電力。

三、新知報導相關圖片

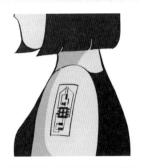

追蹤健康刺青貼片

臉上表情刺青貼片

四、感覺和創意解題

▶ 刺青貼紙在皮膚上加上染料貼上，刺青的染料是什麼材料做
的？刺青染料和金屬結合，貼在皮膚上，可以傳導監測哪些面
向呢？刺青貼紙貼在哪裡最安全無虞呢？

▶ 刺青科技的原型設計到實際應用，和APP結合，可以在健康、
醫學、美容、軍事、休閒等，做哪些更有意義的深入設計呢？

創意賣味練習題

後設認知 N 次方

收起游泳圈　　（氣）　　拉開不需充氣游泳圈

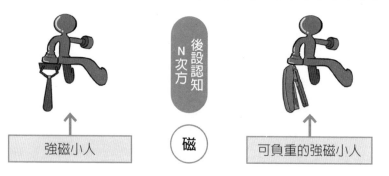

強磁小人　　（磁）　　可負重的強磁小人

（氣）→ 氣怎麼穿透游泳圈？　　氣體和固體怎麼搭？

（磁）→ 強磁可以多點加強？　　強磁力效應怎麼配？

認識挑戰、產生點子、準備行動和規劃方法，後設思考 N 次方

換你做做看～後設認知 N 次方

本章心得

第四章

SCAMPER
的創思與實例

經典、驚喜
&
驚探、驚嘆

SCAMPER是七個英文單字取其字首，作為關鍵字的組合，就其英文組合意義又稱為「飛馳法」。飛馳法是非常簡單可行的創意方法，用來檢核原作品或是構想策略，經由這七個簡單創意方法，即可產生新構想獲得新作品或新策略。第一節SCAMPER的基本功，說明應用SCAMPER公式和案例；第二節SCAMPER的創新設計案例，分享智慧佛珠Leap Beads案例，並提出檢核對照；以及台中宮原眼科變身為糕餅鋪案例，並提出檢核對照；第三節SCAMPER的創作實例，提供另類創意設計案例和檢核思維。

01 **SCAMPER的基本功法**

請認識書中的SCAMPER簡約史和發想步驟，運用SCAMPER基本功法的練習題等創意技法概念，作創意聯想和設計思考。

02 **SCAMPER的創新設計案例**

請運用書中的創新設計案例一：佛珠變成智慧佛珠、案例二：宮原眼科變成糕餅鋪等創意技法，作創意聯想和設計思考。

03 **SCAMPER的創作實例**

請運用書中的SCAMPER配對思考練習和黑桃做什麼等創意技法，作創意聯想和設計思考。

✔ **創意挖新知報導**

✔ **創意賣味練習題**

永恆太陽椅 的創意啟示錄
· · · · · · · · · · ·

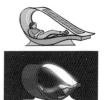

永續環境是世界持續永恆的追求目標，太陽能板吸光、放光做成公共座椅，讓電源更自然節能，翻轉觀念改變世界。

01 SCAMPER 的基本功法

壹 **SCAMPER 的簡約史和發想步驟**

一、簡約史

　　SCAMPER又稱飛馳法，縮短了每個英文單字，成為一個關鍵字組合體。這是由Bob Eberle於1971年所提出創意思考方法，這個方法修改自Alex Osborn的檢核表法而來，Osborn是腦力激盪法（Brainstorming）的創始者。SCAMPER是一個簡單容易進行創意發想，快速解決創意瓶頸可用的方法。七個單字延伸創意並非只用於產品開發，也可適用於社會創新、行銷服務和人際互動。運用SCAMPER此一方法重點在於利用SCAMPER對照原物，產出點子改善現有狀況，有些方法可能無法符應到產品設計，或個別情境是無所謂的，只要儘量多作創意思考就會有助益。為了獲致最大創意應用效果，也可以結合腦力激盪和水平思考的技法，例如：隨機置入（random input）、激勵反應（provocation）、反覆再問（reversal）和隱喻思考（metaphorical thinking）等，如圖4.1「SCAMPER的七個關鍵字義」。

S	**Substitute**	取代：用什麼事物／材料／程序／地點取代原物
C	**Combine**	結合：新穎的觀念／意見／目的／構想／方法成新物
A	**Adapt**	調整：整體和部分結構內容的處理、融入調適
M	**Modify / Magnify**	修改：意義、顏色、聲音、形式、尺寸等改變
P	**Put to other uses**	用作他途：產生創新用法、用途或他處使用
E	**Eliminate**	減少：哪些可排除、省略、消除或增加細節更完美
R	**Rearrange / Reverse**	重排：新安排、交換組件、改變順序、翻轉使用

▲ 圖4.1　SCAMPER的七個關鍵字義

二、SCAMPER發想步驟

　　SCAMPER的創意發想思考步驟，基本上包括以下三個步驟：首先，開始階段：列出需要改善未來有可能發展的產品或解題項目；接著，提問階段：依照SCAMPER七個向度，提示思考取向開始腦力激盪，可以是個別或群體的腦力激盪；第三是回應階段：最好把每個新點子構想都列出來、寫下來或畫出來，加以評估有用嗎？有哪些用處？沒用嗎？把合適的構想作為解題創意策略，整個SCAMPER關鍵要點如圖4.2。

取代：什麼要素可以取代這個產品要素或產品

用作他途：如何把廢棄物做成新產品或另作使用途徑

結合：如何結合天分和資源到創新取向

減少：如何削減或簡單化作業或產品

調整：如何調整這個產品適合另外目的或使用

反轉：在進行途徑反向作業些什麼

修改：如何改變、強調或聚焦為顧客創發新價值

▲ 圖4.2　SCAMPER關鍵要點

SCAMPER 基本功法的練習題

　　面對待解問題或需求改進事物，常常腦力激盪SCAMPER的七個創意技法，可以產生新點子並獲得更好的創意問題解決。

一、S（Substitute）取代

案例一 智能鏡取代試衣鏡

1. S取代：應用公式

S Substitute	取代：用什麼事物／材料／程序／地點取代原物

2. S取代：待解問題和解決案例

為了解決消費者進入試衣間試穿衣服，產生消費者、賣家和商品的衍生問題，「Memory Mirror」取代消費者在試衣間更衣，改為在一般空間智能鏡中換裝。Memory Mirror是一個智能鏡的設計，結合科技的辨識技術，透過鏡子上方的攝影鏡頭掃描顧客面孔和身材，就能輕鬆抓出顧客試穿在身上的衣服款式、顏色和尺寸。若顧客覺得衣服的顏色不搭，只需用手輕輕一揮，並左右搖擺身體，就能直接在鏡子中，更換同款但不同顏色的衣服，並且透過Memory Mirror點選記憶穿衣拍照功能，可以迅速瀏覽每件衣服穿在身上的效果。Memory Mirror智能鏡也能提供網路消費者購衣，讓消費者對照前幾件衣服穿起來的樣貌做最喜歡的款式選擇。此外，商家還可以利用數據對消費者做客製化行銷，不僅省去顧客來回更衣室換裝的時間，同時為自己、消費者、商家創造價值（李宸馨，2017）。再者，智能鏡也可以應用在臉部妝容試妝的選擇，甚至是髮型設計的模擬。

▲ 圖4.3 智能鏡取代傳統試衣鏡

案例二 人臉辨識門鎖取代電子鎖和傳統鑰匙鎖

1. S取代：應用公式

S **Substitute**　　取代：用什麼事物／材料／程序／地點取代原物

2. S取代：待解問題和解決案例

　　傳統鑰匙以鑰匙開門，電子鎖是以密碼或識別卡感應解鎖，如果鑰匙遺失、密碼不慎外洩或識別卡遺失，可能發生闖空門事件。人臉辨識門鎖是在人臉辨識等生物特徵識別技術加持下，多角度臉部辨析額頭、眉骨、眼睛、鼻尖、臉頰、嘴脣、下巴和膚紋等精細特徵，即使同卵雙胞胎也能精準判別。人臉辨識門鎖的身分識別提升至個人，人臉辨識門鎖支援了3D人臉辨識，可偵測臉部五官的深度距離，因此即使拿著他人的照片也無法通過人臉辨識。人臉辨識門鎖也可記錄多組的臉部資料，只要在觸控螢幕上輸入密碼，或是持具備管理者身分的母卡感應，即可管理儲存臉部資料，加入新的資料或是移除既有資料。所有紀錄臉部辨識的資料都儲存在鎖體內，不會上傳到雲端或是其他的裝置。如圖4.4「人臉辨識電子鎖取代電子鎖」。

WiFi　　　　WiFi　　　　S:Substitute 取代

門上WiFi攝影　　　靠近門WiFi人臉辨識　　　取代傳統數字鎖頭

▲ 圖4.4　人臉辨識電子鎖取代電子鎖

　　S（Substitute）取代，經常隨著日新月異的事物、材料、程序或開發，創新產生許多新產品或新景點，而取代舊產品、舊事物或舊有

旅遊點。簡言之，取代需要新穎性、使用性、進步性和市場性作為取代參考依據。例如：錢幣的使用，因為簡化、接觸、攜帶等問題，多數人使用信用卡刷卡取代錢幣消費；接著又因為行動支付的方便性，取代不少信用卡作為消費。因此，取代可視其需求原因和使用目的做改變。

二、C（Combine）結合

案例一 疾管家結合LINE成為疾管家防疫即時通

1. C結合：應用公式

C　Combine　　　結合：新穎的觀念／意見／目的／構想／方法成新物

2. C結合：待解問題和解決案例

衛福部疾病管制署（Centers for Disease Control, CDC）為了即時發送有關新冠肺炎疫情，提供全民防疫須知事項，解決大家對於疫情的正確認知，設計「疾管家」系統，並結合全台最大社群平台「LINE」，發送台灣防疫相關訊息。此一結合「LINE」新穎社群平台觀念，產生許多實質即時使用效益。既可以查詢施打疫苗資訊，亦可以知道最新訊息、防疫購物美食帶回家、流行疾病即時通知注意事項等在家防疫的生活資訊。如圖4.5「疾管家結合LINE成為疾管家防疫即時通」。

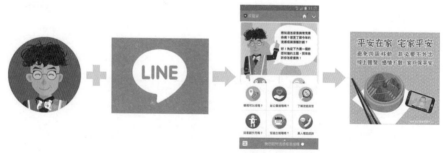

▲ 圖4.5　疾管家結合LINE成為疾管家防疫即時通

案例二 新冠肺炎病毒結合mRNA技術成為莫德納／BNT疫苗

1. C結合：應用公式

C Combine　結合：新穎的觀念／意見／目的／構想／方法成新物

2. C結合：待解問題和解決案例

新冠肺炎（COVID-19）引爆全球性健康危機，唯一最有效解決此一危機的方法是接種疫苗。疫苗的原理就是把基因序列，利用載體打入人體，讓身體的抗體去認識這個病毒，並且練習去攻擊它，同時記住這個病毒的攻擊模式，等到有大規模病毒入侵身體時，身體就有自然反應去攻擊病毒，身體的免疫系統就會有記憶病毒的反應。但是在開發疫苗過程，限於時效要找出最有效的方法，阻隔病毒侵襲人體。其中匈牙利學者Katalin Kariko 博士開發出拯救世界的信使核糖核酸（Messenger Ribonucleic Acid, mRNA）疫苗技術，製作成莫德納疫苗（Moderna）和BNT疫苗，提供全球人民注射。mRNA疫苗即是將製造病毒棘狀蛋白的mRNA放進人體，透過製造病毒棘蛋白，讓免疫系統記憶病毒並做出反應，讓真的病毒入侵時，啟動免疫反應產生抗體，避免感染，在多種對抗新冠肺炎疫情的保護力中，是最為顯著快速阻絕病毒傳播鏈。如圖4.6「新冠肺炎病毒結合mRNA技術成為莫德納疫苗」。

▲ 圖4.6　新冠肺炎病毒結合mRNA技術成為莫德納疫苗

C（Combine）結合，是需要腦力激盪選擇最新穎有用的觀念和方法，讓原有狀況或產品做更創新的改變，例如：全球最著名的iF & Red Dot設計展，除了舉辦展覽競賽之外，結合頒獎典禮、網站展示等，行銷這個展覽的貢獻和利基，所以每年參展數和得獎作品，幾乎是引領全球設計領域的人才熱烈參賽。

三、A（Adapt）調整

調整基本上是做整體和部分結構的處理，但不妨礙外觀造型或原有功能的使用，卻可以在調整後增加更多的創意使用。一般可以分為外顯式調整和隱藏式的調整方式。

案例一和二 外顯式調整的領帶和捐獻愛心零錢販賣機

1. A調整：應用公式

A Adapt	調整：整體和部分結構內容的處理、融入調適

2. A調整：待解問題和解決案例

例如：表4.1案例一「可以喝水的領帶」，是將可以喝水的領帶拉鍊結構放在領帶後面，可以將附吸管水袋置入，外觀看起來還是領帶，必要時，拉開拉鍊即可以喝水。案例二「捐獻愛心零錢販賣機」則是將投幣機結構隱藏在機器裡面，外觀只有投幣孔，卻可以讓人買東西時順便將零錢做捐獻，舉手之勞、利人利己行為創造更多快樂。領帶和販賣機都可以照常執行相關功能並維持一樣外觀，但調整結構內容後，原物調整的創意性更加增強整體結構的使用性。

表4.1 可以喝水的領帶和捐獻愛心零錢販賣機

解決案例	案例一：可以喝水的領帶	案例二：捐獻愛心零錢販賣機
待解問題	出門喝水很重要，如何能夠不用手提著水，又可以簡單喝水。	購買販賣機飲料、零食，經常要投幣，投幣時販賣機不接受10元以下零錢，再放回去錢包很麻煩。

圖解	![領帶圖]	![領帶拉鍊圖]	![一般販賣機]	![捐獻販賣機] ←捐獻零錢
說明	1. 左圖是領帶。 2. 右圖是將領帶後面結構做拉鍊，藏喝水包，微微拉開拉鍊，即可拉出吸管喝水。		1. 左圖是一般販賣機結構，機器右側是收銀機構。 2. 右圖捐獻販賣機，是在黃點內部加個「捐獻零錢」結構，讓愛心自然捐獻。	

案例三 肌力袋上衣

1. A調整：應用公式

 Adapt　調整：整體和部分結構內容的處理、融入調適

2. A調整：待解問題和解決案例

例如：表4.2案例三「肌力袋上衣」，可以發現：套上肌力袋上衣加上中間隱藏式十字架拉鍊，開閉拉鍊即可置放物品在胸前，不用的時候，仍是原本帥氣的肌力袋上衣，讓購物顯得方便自然又具創意時尚。

表4.2　肌力袋上衣

解決案例	案例三：肌力袋上衣
待解問題	怎麼讓外出購物，變得輕鬆、實用和具時尚創意感。
圖解	![有胸肌的上衣與加十字拉鍊的上衣圖]
說明	1. 左圖是有胸肌的上衣。 2. 右圖是將胸肌上衣依照最適合比例調整融入拉鍊，變成肌力袋上衣。

四、M（Modify／Magnify）修改

案例一 韓國的麻浦大橋變成生命之橋

1. M修改：應用公式

M Modify / Magnify｜修改：意義、顏色、聲音、形式、尺寸等改變

2. M修改：待解問題和解決案例

韓國的麻浦大橋連接麻浦區和永登埔區，自殺人士選擇在麻浦大橋跳下自殺，自殺之橋可以變成「生命之橋」嗎？

麻浦大橋蒙受自殺大橋的汙名化，在2012年由首爾市政府、三星集團和廣告公司合作改造企劃，在麻浦大橋欄杆設置問候話語訊息和珍視生命照片，橋上有動態感應裝置能感應到有人爬欄杆，並設有生命線的電話亭，增加警察巡邏，並設置了刻有「生命之橋」字樣的雕塑，提醒自殺無法解決問題和希望改善此一社會現象的具體作法，並經由強調生命的可貴意義和聚焦快樂、希望的情境，讓想自殺的人到這裡想結束生命跳下漢江時，會因為走著走著看著橋的外觀設計，因而創發生命價值產生新的定義，選擇持續生命光輝。

案例二 算命餅乾

1. M修改：應用公式

M Modify / Magnify｜修改：意義、顏色、聲音、形式、尺寸等改變

2. M修改：待解問題和解決案例

例如：從表4.3案例「算命餅乾」，可以發現：原來餅乾是可以修改意義，讓人吃起餅乾就像算命一樣，可以有開心大吉的理由，或是趨吉避凶提示行事小心，給自己吃餅乾或是一起吃餅乾的人，可以透過POCKY抽餅乾棒像抽籤一樣，有新的創意。此外，特斯拉汽車則是

以修改汽車駕駛形式為主要訴求，把原本透過使用汽油作為能源，駕駛人握持方向盤駕駛，改為充電、電腦駕駛汽車形式，使得汽車不必因為駕駛者打瞌睡或是不專心而發生事故，駕駛汽車因而修改意義和形式跨入另一新氣象。

表4.3　算命餅乾

解決案例	案例：算命餅乾
待解問題	產生吃餅乾能預知吉凶機率的樂趣。
圖解	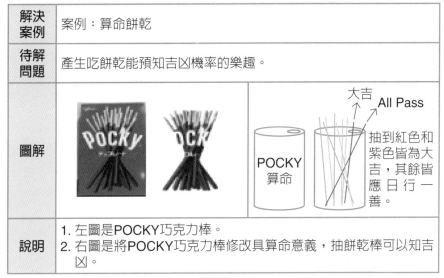
說明	1. 左圖是POCKY巧克力棒。 2. 右圖是將POCKY巧克力棒修改具算命意義，抽餅乾棒可以知吉凶。

五、P（Put to other uses）用作他途

案例一　泰國百萬瓶寺

1. P用作他途：應用公式

P	Put to other uses	用作他途：產生創新用法、用途或他處使用

2. P用作他途：待解問題和解決案例

　　泰國的百萬瓶寺，是利用150萬個回收的廢棄酒瓶，花費二十多年所蓋出來的。起初寺裡的僧人是為了維護當地的環境，才開始蒐集啤酒瓶，後來由於啤酒瓶越來越多，便將這些酒瓶當作建築材料，修建

成一座寺廟。從文化和建築取向作腦力激盪——廢棄酒瓶能做什麼？百萬瓶寺就自然成爲具體產出作品。

另外，下面用作他途案例可供再思：土耳其、西班牙早期的商旅驛站客棧，可以廢棄重拆改建嗎？韓國首爾中央車站附近的廢棄高架橋，可以變身浪漫空中花園嗎？德國魯爾工業區的儲水槽，可以變成游泳池，牆壁可以變成攀岩訓練場嗎？需要丟棄的魚鱗，可以變成面膜嗎？過時要丟棄的電子產品零件、寶特瓶、文具等生活用品，可以變成藝術創作素材嗎？重新思考變更使用途徑，可以創造建築和產品更多新用途、新氣象。

案例二 韓國首爾路7017

1. P用作他途：應用公式

P **Put to other uses** 用作他途：產生創新用法、用途或他處使用

2. P用作他途：待解問題和解決案例

韓國首爾「首爾路7017」是一條938公尺長的廢棄高架橋，建於70年代，之後因爲安全結構考量而停止過重車輛使用，韓國政府幾經創意思考，是否能不拆橋而創造新用途，推出了一個設計比賽，在2017年由荷蘭MVRDV建築事務所拿下設計主導權，將這座廢棄高架橋另做他途，變成環保且人性化的高架空中花園，現在成爲觀光旅遊新亮點和公共空間新地標。

生活當中許多廢棄物，轉化之間用做他途，即變成藝術裝置，讓公共空間顯露不一樣的美感。其他許多創新產品開發，例如：日本發明了神奇矽膠保鮮膜，使矽膠產生新用途作品，改變傳統所用的保鮮膜，不只溫度穩定性佳，使用上也比較不易變質，如果過熱的話也沒有毒性或是刺鼻味的產生，彈性也非常不錯！其他如利用環保回收物品作爲高科技素材、文創產品、萃取營養、生活用品和藝術創作等不

勝枚舉。表4.4「泰國百萬瓶寺和韓國首爾路7017」的待解問題和圖解說明如下：

表4.4　泰國百萬瓶寺和韓國首爾路7017

解決案例	案例一：泰國百萬瓶寺	案例二：韓國首爾路7017
待解問題	喝完的酒瓶能做什麼？泰國佛寺很多，可以用酒瓶蓋佛寺嗎？	廢棄的高架橋要拆嗎？還是可以做些什麼改變？可以做其他休閒使用？
創意解題	1. 回收酒瓶用作他途。 2. 完成泰國百萬瓶寺。	1. 首爾路7017放棄高架橋用途。 2. 首爾路7017高架橋改作休閒行人步道公園。

六、E（Eliminate）減少

案例一　高雄市的ARM自動資源回收機

1. E減少：應用公式

E **Eliminate**　　減少：哪些可排除、省略、消除或增加細節更完美

2. E減少：待解問題和解決案例

　　如果你想要捷運站的寶特瓶減量，可以怎麼做減量的動作呢？如果你想要辦嘉年華會，又擔心參加者喝酒駕車肇事，或是垃圾瓶罐滿地都是，你可以怎麼消除這些惱人的問題呢？經過排除、省略、消除或增加細節更完美，讓預訂完成目標能顯著達成，即是減少的創意作法。

　　高雄市環保局推出環保回收瓶減量計畫，設計「ARM自動資源回收機」在大賣場停車場和捷運站，回收不限品牌的飲料類的寶特瓶或鐵鋁罐（必須要有瓶身條碼來作為判定），透過ARM回收寶特瓶和鐵鋁罐，可在一卡通內加值換取回收獎勵金儲值，因為這個減量創意思

考設計，高雄市擁有全臺密度最高的ARM回收寶特瓶和鐵鋁罐，也創造更多市政府和民眾攜手做環保雙贏的成果。

案例二 啤酒罐刷卡條碼

1. E減少：應用公式

| E | **Eliminate** | 減少：哪些可排除、省略、消除或增加細節更完美 |

2. E減少：待解問題和解決案例

南美洲年度嘉年華會狂歡節，爲了讓參與節慶的人，都能盡興跳舞、喝酒和觀賞精彩遊行表演，在節慶後人人又能平安回家，而且不必在嘉年華會後，要動用大批清潔人力善後，因此，政府設計了鋁罐酒瓶條碼，作爲大眾交通工具車票，並在入口處機器驗證鋁罐酒瓶條碼，讓民眾以酒瓶條碼刷卡後，直接置入回收鋁罐桶。如此一來，雖然多了設計條碼的細節，卻減少許多可能發生的事故或難以處理的現象。

七、R（Rearrange／Reverse）重排／翻轉

案例一 可口可樂重新安排開瓶樂趣

1. R重排／翻轉：應用公式

| R | **Rearrange / Reverse** | 重排：重新安排、交換組件、改變順序、翻轉使用 |

2. R重排／翻轉：待解問題和解決案例

可口可樂公司在可樂瓶蓋上，設計瓶蓋對口槽，買的人拿著可口可樂，也要找他人配對瓶蓋，讓兩人一起玩「瓶蓋對瓶蓋」開瓶方式，創造一次買兩瓶才能打開的消費行銷，也創造友誼分享的機會。透過瓶蓋重新安排，翻轉新的行銷可口可樂的創意。

案例二 多款的公園椅翻轉使用

1. R重排／翻轉：應用公式

R **Rearrange / Reverse** 重排：重新安排、交換組件、改變順序、翻轉使用

2. R重排／翻轉：待解問題和解決案例

傳統公園椅子的使用性，是提供行人走累了休息坐坐。但是對於城市的面貌來說，每個細節都很重要。好的公共設計能讓人們感到舒適放鬆，拉近人和人之間的距離，而有創意的公共座椅可以為我們的生活增添一份樂趣。重新安排、交換組件、改變順序、翻轉使用，可以提供設計公園座椅的創新使用。如表4.5「全球最具創意的公共座椅」，「鉛筆椅」、「樹幹椅」、「太陽能椅」等，重新翻轉椅子風貌。（途遊旅行，2016）

表4.5　全球最具創意的公共座椅

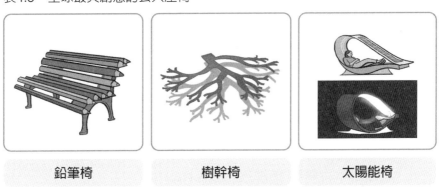

鉛筆椅　　　　　　　樹幹椅　　　　　　　太陽能椅

SCAMPER 的創新設計案例

壹 SCAMPER 創新設計案例一：佛珠變成智慧佛珠

一、電腦公司可以生產佛珠

　　國內宏碁電腦品牌跨足文創產業，發表智慧佛珠Leap Beads，已經在台灣上市，全球訂單熱絡，宏碁為乘勝追擊，仍繼續研發智慧佛珠的創意設計。智慧佛珠是以一顆電子主珠搭配13顆子珠成串，主珠直徑2公分具備電路，與13顆1.5公分的子珠組合而成，主珠上有一個小小的蓮花紋路，在充電時會發光，透過內附的小磁吸式無線充電器進行充電，主珠放入就會開始充電，材質上採用崖柏或紫檀作為木料。智慧佛珠在靜坐冥想時，可設定時間及環境音；轉動佛珠功能可設定念誦類型、內容、達成方式、環境音及迴向對象。另外可查看健走步數、消化熱量、睡眠紀錄及總里程數紀錄，還具備社群分享互動功能。Leap Beads APP，可顯示每天的靜修時數與念珠轉動次數，也可以選擇念誦內容和迴向對象，甚至設定自然環境音，設定屬於自己的念經環境，是個「高科技化」的穿戴產品。

　　這個文創作品是宏碁因緣際會與大甲媽祖繞境活動結緣，打造出祈福筆電後，發現以念誦記數的隨身法具佛珠，不僅止於僧、俗間的廣泛使用，更擴及配飾作用，衍生為時尚藏品。宏碁花了半年時間訪查，並思索結合智慧裝置的可能性，智慧佛珠因此孕育而生。

二、SCAMPER看智慧佛珠Leap Beads

　　「電腦」和「佛珠」是兩種不同產業，卻可以奇妙地結合在一起，因為媽祖繞境機緣，「看到」佛珠是信徒的隨身法具，「聽到」梵唱佛教相關曲目，「摸到」佛珠產生神祕力量，嘴巴念唱和「聞到」沉香味等感覺，促動知覺聯想到佛珠，可以轉變為什麼另類產品？幾經多次後設思考和創意問題解決行動，終於創新設計「智慧佛珠Leap Beads」的誕生。多了感覺、知覺、後設思考和創意問題解

決，電腦資訊產業跨足科技性產物，再跨越進入文創商品。

從傳統佛珠變成智慧佛珠Leap Beads新產品，以SCAMPER探析這個創新意義的佛珠。

1. 取代（S-Substitute）：傳統佛珠可以用什麼事物、材料、程序或地點，來代替現在看佛書誦經、轉佛珠更專注、引導冥想或提示迴向等作用？

2. 結合（C-Combine）：傳統佛珠可以結合新穎的觀念、意見、目的、構想、方法等點子，讓傳統佛珠變成更有創新意義的佛珠嗎？

3. 調整（A-Adapt）：傳統佛珠可以調整主珠和小珠的部分結構內容嗎？有什麼科技或其他事物可以與佛珠進行共構調整？傳統佛珠在媽祖繞境時，有沒有可以調適更好的設計？過去有類似科技佛珠的提議嗎？

4. 修改（M-Modify）：傳統佛珠可以修改嗎？可以改變佛珠的意義、顏色、聲音、形式嗎？佛珠可以擴大聲音嗎？可以縮短或延長、加快或變慢梵唱時間嗎？佛珠可以產生較大、更強、更高的作用功能嗎？佛珠會誦經嗎？

5. 用作他途（P-Put to other uses）：傳統佛珠可以運用到其他方面嗎？如何讓傳統佛珠產生新的使用方法？新用途？或是居家在外，在任何場合都可以使用？

6. 消除（E-Eliminate）：傳統佛珠是否可以取消或減少些什麼？佛珠有哪些地方，是可以不牴觸佛教精神或原本使用意義，而可以排除、省略或消除哪些地方？有沒有可以使佛珠在使用時，可以因為詳述細節、增加細節，使其因而變得更完美、更生動、更精緻的地方呢？

7. 重排（R-Reverse, Rearrange）：傳統佛珠是否可以重新安排？交換科技組件？做出其他附屬零件陳設？改變其他佛珠順序？轉換使用途徑和效果？有沒有可以旋轉、翻轉或置於相對地位之處？

SCAMPER 創新設計案例二：宮原眼科變成糕餅鋪

　　台中市知名觀光勝地「宮原眼科」變身為「日出文創展售店」，這個日據時期的眼科診所，人去樓空荒廢許久，翻轉變成聚集人氣的糕餅鋪和冰淇淋店。

一、宮原眼科簡史

　　建造於西元1927年的宮原眼科是由日本眼科博士宮原武熊所興建，也是日治時代台中規模最大的眼科診所。1945年日本戰敗，宮原武熊返回日本，宮原眼科變成了台中衛生院，但隨著時代的物換遷移，老舊沒落的衛生院逐漸成了危樓，更在九二一大地震中變成了雜草叢生的廢墟。直到「日出」經營團隊耗時一年半，結合兩位建築師、一位古蹟修復博士，共同打造出現代感的日出宮原眼科。這是靠近台中火車站的綠川旁，一棟由紅磚瓦構成的建築，是台中以土鳳梨酥一戰成名的「日出」糕餅團隊，買下了宮原眼科的舊址。宮原眼科外部的紅磚牆、舊牌樓被完整保留下來，打造成富有懷舊風情的建築樓房，走進店內，仿造復古挑高圖書館的裝飾，創造出新舊時代的魔幻空間，店中央一座無法被使用的古井，則被重新打造成現代風的圓型玻璃募款箱，可見設計之巧思（台中觀光旅遊網，2018）。各種文創商品經過創意思維與設計，呈現非常吸睛和集客率相當有業績的場域。觀察其創意焦點主要是「眼科診所在賣糕餅」，延伸許多創新產值。

二、「宮原眼科」創意大變身的水平思考

（一）感覺見聞

　　感覺記錄所有當下，或是回憶起的視覺、聽覺、味覺、嗅覺和觸覺所有的知覺印象，關聯到人、事、物、境的見聞，可以自由聯想和宮原眼科有直接關係，或無直接關係的鏈結。例如：以心智圖進行宮原眼科的相關聯想，有些是越想越遠，根本是和眼科無聚焦的擴散性水平思考（鳳梨酥、大自然、詩歌、臭水溝……）；有些則是關聯到

眼科的相關聚斂性垂直思考（看書、圖書館、手術、雷射……）。連結擴散和聚斂思考，全部用線條、顏色、文字、圖案等串聯在一張圖中，如圖4.7「宮原眼科創新發想心智圖」，這些感覺見聞的記錄，畫下或是寫下，記錄所有當下，或是回憶起人、事、物、境的種種現象，最主要是讓「我今見聞」一一展現眼、聽、嘴巴、鼻子、手腳、台灣味等聯想。

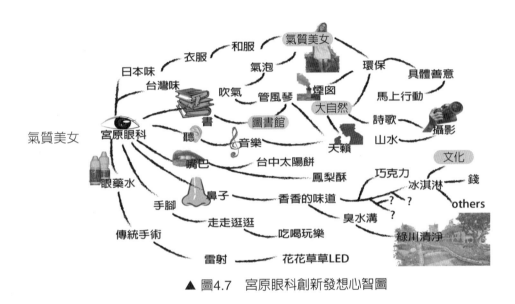

▲ 圖4.7　宮原眼科創新發想心智圖

　　知覺聯想是一種大腦內的認知歷程，透過記憶、理解、分析、綜合、判斷、創造等歷程，對於第一階段感覺列出的文字或是圖畫，擬象得知其反射出來的感受知覺是什麼？文字或是圖畫代表的記憶或是理解的意義是什麼？可以提供分析或是綜合的想像數據或依據有哪些？最後可能有哪些跳躍性判斷或是創造的機會？

　　例如：圖4.8「宮原眼科創新發想的知覺聯想」，從宮原眼科創新發想心智圖再選擇的「氣質美女、大自然、圖書館、文化、錢、others、綠川清淨、花花草草LED」等，事實上和「宮原眼科」的直接

關聯是很低相關的，但是氣質美女可以變身銷售產品小姐的特色；大自然可以變成聽CD的產品包裝設計意象；圖書館可以變成宮原眼科內部結構設計主軸；文化保留原有名字不創新店名，從這些創新可以得知：日出集團買下當時幾乎已經頹廢殘敗的宮原眼科，其實是花了相當多創意心思在創造整個新氣象，應用標的、心智發想和知覺聯想，可以更有系統應用到宮原眼科內部人、事、物、境的設計。

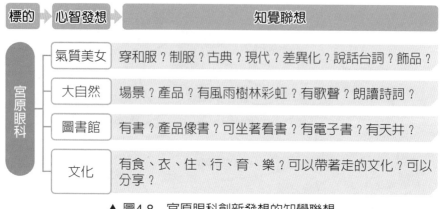

▲ 圖4.8　宮原眼科創新發想的知覺聯想

（二）意識選擇

意識選擇是指大膽挑出來自我發想的創意點子，以聯想的資訊去搜尋現有產品和解決策略資料庫，以及發想創意點子進行相互比較對應，反思意識並且應用到有何「創意賣味~My Way」優勢可能？這個階段的意識選擇，包括選擇對應產品（策略）創意、比較創意差異和定位選擇創意。

例如：以選擇大自然意識置入產品（策略）創意該如何表現呢？在場景部分，可以像主題樂園般規劃各區場景的賣點；在產品部分，可以規劃像CD盒般包裝；在有風雨樹林彩虹的表現上，可以在產品意象上表現對應的意境；在朗讀詩詞部分，可以提供並誘導使用者朗讀詩詞的趣味。整個構思如圖4.9「宮原眼科創新發想的大自然意識選擇」。

▲ 圖4.9　宮原眼科創新發想的大自然意識選擇

（三）具體化樣態

　　具體化樣態的產出，無論是模擬現象的解決策略，一一做出解決方案的細部步驟，或是設計產品外觀，有關細部規劃使用材料、尺寸、樣式、功能、作業流程、可能困難和問題點等，都必須是在做中學才有可能體悟到具體化樣態的產出事實。

　　例如：以大自然意識選擇，創意思維與設計主軸，規劃具有文學藝術賣味的大自然風格，規劃像CD盒般包裝，那麼盒外即可以把有風雨樹林彩虹和朗讀詩詞意識，加以具體化樣態設計，如圖4.10「宮原眼科創新發想的具體化樣態」，即該公司用來包裝各式餅類的CD包裝盒封面，非常具有創意設計特色。

台式肉餅盒　　　　芝麻糖盒　　　　龍鳳大餅盒　　　南棗核桃糕盒

▲ 圖4.10　宮原眼科創新發想的具體化樣態

（四）包裝命名設計

　　包裝命名是創意解決問題最後相當重要的一環，須從消費端使用者的接納性考量，不能「自以為是」的自我認定。簡言之，就是要經

由測試使用到具備很多次思考的後設認知（meta-cognition）。因此，包裝命名包括了如何做出創意性高的使用說明、包裝意象到定位作品或方案產出特質，才有可能創造創意的驚奇。

以南棗核桃糕為例，CD盒包裝六面，正面以「日出南棗，並不難找」一幅圖畫呈現商品，反面以「陽光，在天上一閃，又被烏雲埋掩。暴雨沖洗著，我靈魂的底片～顧城」。另外四面分別為商品名稱、商品成分說明等基本資訊，羅丹詩「不是缺乏美，缺乏的是發現」，顧城詩「黑夜給了我黑色的眼睛，我卻用它尋找光明」。

三、SCAMPER 解析宮原眼科

SCAMPER是相當簡單的創意技法，透過許多不相關甚至是矛盾概念的水平思考，可以快速解析宮原眼科變身人氣旺盛的賣場，以下說明如表4.6「SCAMPER解析宮原眼科」。

表4.6　SCAMPER解析宮原眼科

SCAMPER	宮原眼科創意設計	圖示
S：Substitute 取代	場地取代：以行銷糕餅場域取代眼科診所看病；又用圖書館設計理念取代一般賣場設計。	
C：Combine 結合	花生糖結合台灣意象：古早味花生糖結合台灣圖繪意象，讓消費者在吃古早味花生糖時，感受到台灣古早歷史演義。	
A：Adapt 調整	調整地磚圖案：把入口地磚調整成有螞蟻的地磚，好像受到香味吸引而來，充滿樂趣和誘惑力。	

SCAMPER	宮原眼科創意設計	圖示
M：Modify 修改	修改傳統大餅尺寸和意義：結婚的台式肉餅、龍鳳大餅等，慣用方形大尺寸紅色餅盒，修改為文創CD盒裝糕餅，把大餅大盒改成小餅小盒，改變新喜餅文化。	
P：Put to other uses 用作他途	櫃子另作他途作為圖書塔：宮原眼科很吸睛的地方是整個天窗下的圖書塔，高聳壯觀的書櫃，放了許多書，但你卻拿不到書可以看。	
E：Elimite 削減	走廊增加細節賣精緻冰淇淋：宮原眼科冰淇淋造型多樣化，是排隊必買的品嘗名點。賣冰淇淋是設在走廊一個小角落，增加賣場的另一個特色「一起去眼科吃冰！」。精緻化設計用來區隔產品項目的差異化，減少空間複雜度，但卻提供消費者更長排隊的空間。	
R：Rearrange, Reverse 翻轉／重排	廁所洗手台規劃在看風景的窗邊：宮原眼科的廁所外側是透明玻璃，然而上廁所是隱私性高的行為，為了改變上廁所完，可以在透明玻璃窗前慢慢洗手和烘乾，欣賞美景完再走，於是，重排小便斗在內側，洗手台和烘手機位置，翻轉對於上廁所完就快走的慣性思考。	

SCAMPER 的創作實例

SCAMPER以飛馳法，提出每個關鍵字和延伸創意思考原則，檢核每個現象、問題或產品的可能創意新改造，非常簡易好用。

壹 SCAMPER 配對思考練習

請你猜一猜連連看，這些有趣的創意可能應用到SCAMPER的哪些技巧呢？（圖4.11）

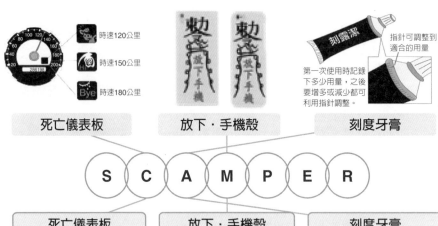

▲ 圖4.11 SCAMPER配對思考練習

資料來源：沈翠蓮、卓孟勳、黃怜瑜（2015）。創意與思考課程期末報告。

從圖4.11「SCAMPER配對思考練習」的三個案例構想，「死亡儀表板」關注結合的新穎觀念、意見、目的、構想和方法，可以解決超速帶來的可能問題，因此利用結合（C）提醒燈及聲音，透過影像及聲音來提醒駕駛者車速過快，進而降低高速駕駛危險，方向盤即變成實用新穎的新產品。「放下‧手機殼」利用修改（M）意義、顏色、形式等，讓貼身的手機殼，因為黃色顯眼和符咒敕令幽默，時時因為放下的手機殼提醒自己勿過度使用手機。「刻度牙膏」則使用調整（A）整體和部分結構刻度齒痕的處理和融入，自然不費力即可達到使用量的適度需求。當然，你還可以再利用取代（S）、用作他途（P）、削減（E）和翻轉／重排（R），讓這三個作品產生更多流暢、變通、精密、獨創，和敏覺的實用創意！

貳　SCAMPER 黑桃做什麼？

以下請你就下面黑桃圖，多加些線條、數字，或是圖案，或是形、聲、義的聯想，做自我介紹，你的大名和就讀系別、年級是必須寫出的。如圖4.12「我的黑桃聯想～自我介紹」。

其他的，你可以觀察黑桃的造型、色彩、意義、心情……，加以取代黑桃、結合黑桃、調整黑桃、改變黑桃、幫黑桃做些什麼、多／少一口的黑桃像什麼、多個黑桃重排後變成什麼等，用SCAMPER進行聯想和自己有關的想法，例如：「黑桃中間放進我的美照，再把黑色地方爬梳成頭髮，我就變成黑桃女神了」；「少一口的黑桃，就像我吃掉美味的巧克力」，從黑桃的檢核聯想推論，你把自己想像成是女神、喜歡吃巧克力等，想到什麼，就寫什麼。

▲ 圖4.12　我的黑桃聯想～自我介紹

一、思考應用

　　黑桃可以運用在食、衣、住、行、育、樂的相關產品，哪一部分呢？例如：黑桃尺、黑桃貓時鐘、黑桃燈、黑桃皇后飯糰……，可以寫出來或是畫出來，如果能再寫上設計思考和應用設計的背景故事，那就更完美。如圖4.13「我的黑桃聯想創作設計」。

▲ 圖4.13　我的黑桃聯想創作設計

二、黑桃的SCAMPER檢核創作

　　請你根據表4.7「黑桃創作和SCAMPER再檢核後創作」，有關黑桃創作，可以依照SCAMPER再檢核後，表現你的感覺、知覺和後設思考後的創作表現。想想，是用SCAMPER哪一個方法或結合多個方法，作為創作理念是最具創意的表現，開始你的創作和作品命名吧！

表4.7　黑桃創作和SCAMPER再檢核後創作

黑桃創作	SCAMPER再檢核後，你的創作
撲克牌雞蛋糕	
一張黑桃A飛盤	
黑桃姊妹冰箱	
黑桃土司和黑桃餅乾	
撲克心情調味包	

創意挖新知報導

可360度測量的指尖電子輪尺：
ROLLOVA

一、創意發想問題

　　碰到有曲度的杯子、茶壺、藥罐、電風扇和吹風機等，要用直尺和捲尺去測量出精確尺寸，是非常困難的。ROLLOVA在曲線測量上，可謂是天賦異稟，滾動式設計，不必考慮弧度和角度問題，自由滾動即可算出對應尺寸，就算凹凸不平的表面也能測出來，不管是裁縫想要量肩寬，還是工匠測量樣稿曲面徑路，或者是生活中拐彎物品，統統可以精確測量出來。

二、創意設計思考

　　ROLLOVA是由美國Hozo公司設計，是世界上第一款指尖電子輪尺，暢銷於世界46個國家，它利用圓周長計算的設計原理，測量結果都能被內部的精密傳感器記錄，打破傳統方式的繁雜，讓測量變得易如反掌。ROLLOVA身形小巧，直徑5.08公分，相當於兩個1元硬幣大小，英寸和厘米測量單位自由切換，還有存儲、校準等多種功能，最多儲存100個數據，當超過100個時，系統會自動刪除最早留存的數據，可以滿足日常生活中的各種測量需求。對設計師、建築師、工程師等，總要獲取更精確的物體數據，拿著ROLLOVA在產品上輕輕滾動，就能得到精確的數值，去除繁複度量衡和換算尺寸的測量問題。

三、新知報導相關圖片

| ROLLOVA外觀 | 體積小放口袋 | 曲面測量很方便 |

四、感覺和創意解題

➤ 遇到曲面，直尺無法測量，又得精確得出尺寸，你會聯想到哪些解決方法？

➤ 指尖電子輪尺如果利用SCAMPER原理，可能還有哪些創意可以展現呢？

繆斯飛馳SCAMPER

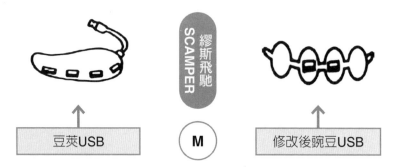

豆莢USB　　Ⓜ　　修改後豌豆USB

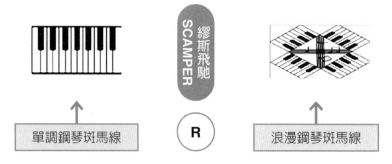

單調鋼琴斑馬線　　Ⓡ　　浪漫鋼琴斑馬線

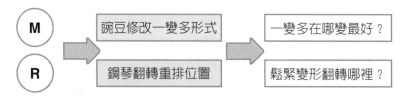

Ⓜ → 豌豆修改一變多形式 → 一變多在哪變最好？

Ⓡ → 鋼琴翻轉重排位置 → 鬆緊變形翻轉哪裡？

取代、結合、調整、修改、用作他途、削減、重構＝飛馳

換你做做看～繆斯飛馳SCAMPER

本章心得

第五章

蓮花綻放法的
創思和實例

經典、驚喜
&
驚探、驚嘆

蓮花綻放法又稱作九宮格法或是曼陀羅法，簡單易懂，創意思考發想的點子，從核心主題，延伸構想、外移構想、動態發想，即可成為一個有創意作品。蓮花綻放法是只要會思考，抓住對的點子，即可產生可行性高的創意作品。第一節蓮花綻放法的基本功法，敘述基本概念和生生相息的脈絡；第二節蓮花綻放法的創作步驟，說明如何應用創作步驟和關鍵要點；第三節蓮花綻放法的創作實例，藉由「綜合延伸構想的動態發想案例：百變牙刷」和「單一延伸構想的動態發想案例：孔雀吉祥茶包」，進行實例說明。

01 蓮花綻放法的基本功法

請運用書中的蓮花綻放法基本概念和虛實生生相息的創意技法，作創意聯想和設計思考。

02 蓮花綻放法的創作步驟

請運用書中的選擇創作核心主題、延伸構想、外移構想、動態完成和創作命名等創意技法，作創意聯想和設計思考。

03 蓮花綻放法的創作實例

請運用書中的實例一：綜合延伸構想的動態發想案例：百變牙刷；實例二：單一延伸構想的動態發想案例：孔雀吉祥茶包等創意技法，作創意聯想和設計思考。

✓ 創意挖新知報導

✓ 創意賣味練習題

銅鑼燒愛情燈泡 的創意啟示錄
. . . .

可能嗎？有個像銅鑼燒的燈泡，情侶一按下去，就可以像卜卦或心理測驗一樣，知道彼此是真心相待或花心虛應，來個動態發想吧！

真心　花心

蓮花綻放法的基本功法

壹 蓮花綻放法的基本概念

　　發揮創意思考脈絡時，如果能有個框架作爲發想記錄工具，自然能展望各種多樣景象。九宮格發想是由核心聯想A、B、C、D、E、F、G、H（也可以說是1、2、3、4、5、6、7、8）等八個構想後，再各自外移成爲一個小九宮格，再繼續發想，因此由八個構想再發想成六十四個構想（當然也可以繼續發想成五百一十二……多個點子），如圖5.1「具有核心目標、延伸和外移構想的九宮格」，應用九宮格的方法作爲蓮花綻放法創意構想的框架，可以讓創意點子源源不斷產生。

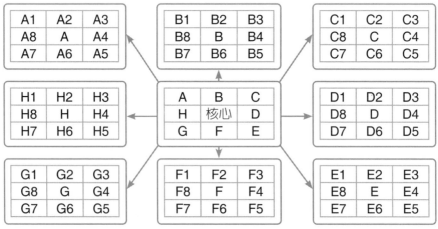

▲ 圖5.1　具有核心目標、延伸和外移構想的九宮格

貳 蓮花綻放法的生生相息方法

　　如何讓A1不斷衍生點子產生A2、A3、A4、A5、A6、A7、A8；B1也依此類推產生八個點子；C1、D1、E1、F1、G1、H1也都一樣可以產生八個點子，源源不斷產生六十四個構想點子，以九宮格法爲工

具，可以讓大腦發揮創意，不斷地發揮流暢力、變通力、獨創力、精密力和敏覺力。以下舉出應用具體「實」際感覺的聯想，和「虛」幻抽象感覺兩種產生創意的方法。

一、實的個別應用聯想

「實」是具體存在的事實，要呈現具體存在的事實，最直接的方法是可以透過感官的視覺、聽覺、味覺、嗅覺、觸覺等感覺，一一呈現所看見、聽見、吃到、聞到、摸到等感官物質現象，然後採用「直接加值」的方式進行聯想，例如：以創作枕頭為核心目標，在視覺上延伸棉花糖、地瓜、香蕉、酪梨、麵包、牛奶、巧克力、路燈等，八個具體看得見的實際物品作為延伸構想，選擇棉花糖即可作為棉花糖枕頭；依此類推，用玩具作核心目標，以聽覺發想八個延伸構想，即可以鬧鐘聲玩具發展出鬧鐘聲響和關閉鬧鐘聲，作為玩具插入、拔出啟動和關閉的設計好玩地控制聲音；甜甜圈味道髮髻、乳酪香便利貼和拼樹圖公告欄都可以依此任選一個延伸構想，即為一個創新作品，如表5.1「九宮格實的應用聯想實例」所示。

表5.1　九宮格「實」的應用聯想實例

感覺	九宮格聯想	創意作品	作品名稱／創意說明
視覺	棉花糖／地瓜／香蕉／路燈／枕頭／酪梨／巧克力／牛奶／麵包	依此任選一可隨意變動造型　毛茸茸的感覺但不會掉毛　可變動的支點	**棉花糖枕頭** 枕頭可以像棉花糖般輕柔、舒適。
聽覺	鋼琴聲／鬧鐘聲／划船聲／風聲／玩具／哭聲／水聲／南胡聲／笑聲	06:00	**鬧鐘聲玩具** 讓鬧鐘的響聲可以像玩具插入、拔出，好玩地控制聲音。

感覺	九宮格聯想	創意作品	作品名稱／創意說明
味覺	口水味 / 女人味 / 男人味 榴槤味 / 髮髻 / 乳臭味 苦瓜味 / (甜甜圈) / 美人味		**甜甜圈味道髮髻** 讓髮髻鑲上甜甜圈的多彩繽紛味道，有蔬果、巧克力……
嗅覺	(乳酪香) / 香水 / 醋桶 蛋糕香 / 便利貼 / 甜辣醬 臭水溝 / 臭豆腐 / 酸檸檬		**乳酪香便利貼** 讓使用便利貼感覺像吃蛋糕般快感。
觸覺	(拼樹圖) / 鳥飛走 / 射飛鏢 走走路 / 便利貼 / 摺棉被 畫畫圖 / 寫作業 / 打屁股		**拼樹圖公告欄** 讓公告欄像玩拼圖一樣，把資訊都可以快樂地貼在樹上。

二、虛的應用聯想實例

　　虛是看不到、摸不到的「抽象名詞」、「集合性名詞」和「形容詞」的總集合，也是許多抽象思考、心理反思認知和後設認知等所思考的感受或感動，如歌如詩、畫展、飛翔的、熱情如火的……都是屬於抽象看不見的「虛詞」。例如：從核心目標是衣服，延伸構想所陳述的未來、奈米、科技、音樂、跳舞、琴聲、按鈕、花樣都是看不見的虛詞，選擇音樂、琴聲、奈米、科技、按鈕、花樣等虛詞，即可將選擇的虛詞作為設計衣服的元素，如表5.2「音樂奈米科技衣服的九宮格創意發想」。

表5.2　音樂奈米科技衣服的九宮格創意發想

九宮格聯想	創意作品	作品名稱／創意說明
未來　音樂　跳舞 花樣　衣服　琴聲 按鈕　科技　奈米	正面　奈米防塵 　　　音樂按鍵 背面　正常時一 　　　片空白	**聲聲入伊心** 「聲聲入伊心」音樂衣的發想，透過音樂、琴聲、奈米、科技、按鈕和花樣，發想而成。

三、虛實交錯的應用聯想實例一

　　此外，許多故事影片作詞、作曲，如能從虛的層面誘發出感動的心理意識，將可以得到更多的共鳴。例如：方文山作詞、周杰倫作曲《煙花易冷》，歌詞內容節錄自《魏書》中敘述「魏晉南北朝」的「將軍」和「戀人」，將軍在「戰場」打仗，戀人在城牆內「痴痴等待」，最後仍無法團聚，在「緣分註定」的是伽藍寺外「盼永恆」的歌詞，透過延伸構想再加上作詞意境描述，即可以成為歌詞主軸，如圖5.2「《煙花易冷》的九宮格創意發想圖」。

▲ 圖5.2　《煙花易冷》的九宮格創意發想圖

四、虛實交錯的應用聯想實例二

具體和抽象經常是交錯產生的，看到一朵嬌豔的花（實），產生無與倫比的疼惜（虛），那是自然而然因爲看到具體現象感覺，接著有大腦思考傳遞的感受和感動，產生的交互作用。

因此，不妨放任讓思維自由地流竄在虛實交錯的想像當中。例如：以茶壺（實）爲中心，發想各種想像喝茶的感受（虛），則可能創造各種具有創意的茶壺。茶壺，聯想到睡覺、航海、墨水、琴聲、化妝、時間、沐浴、愛心等虛實聯想，再依照每個聯想結合核心目標茶壺，即可成爲睡覺壺、航海壺、墨水壺、琴聲壺、化妝壺、時間壺、沐浴壺、愛心壺等八款壺，如圖5.3「茶壺的九宮格創意發想圖」。

睡覺	航海	墨水
愛心	茶壺	琴聲
沐浴	時間	化妝

睡覺壺	航海壺	墨水壺
愛心壺	茶壺	琴聲壺
沐浴壺	時間壺	化妝壺

▲ 圖5.3　茶壺的九宮格創意發想圖

02 蓮花綻放法的創作步驟

壹 創作步驟

　　熟悉蓮花綻放法的創作步驟和創意發想，是創造創新產品和服務策略的關鍵，以下說明其創作步驟。

一、核心主題

　　寫下想要創作的核心主題，置入九宮格核心當中。生活當中有許多食、衣、住、行、育、樂，或是生活科技新創產品，都可以作為創意創新發想的對象。只要生活中感受到已經無法因應需求或是想前瞻更新穎需求，例如：鞋子、餐具、工具、文具、活動辦理、歌詞創作、廣告文案等，都可以置入核心主題。

二、延伸構想

　　延伸構想可以運用前述的虛、實創意發想策略，把具體的事實物體和抽象的感受感動，放在九宮格核心之外，應用垂直聚斂思考，依照像螺旋狀的系列，填入每個具有邏輯性或相關性的字詞或圖畫；也可以應用水平擴散思考，依照像放射狀的光芒，填入每個想像性或跳躍性的字詞或圖畫。

　　例如：圖5.4「燈和騎車的延伸構想」可以得知無論是實、虛、虛實、實虛的思考策略，想得到的都可以以文字或圖譜呈現。以燈為例，聯想到筷子、荷包蛋、起司、奶茶、麥當勞、麵包、吃木瓜、奇異果等延伸構想，在「燈的延伸構想」圈起來A「筷子」、E「麥當勞」，即可做出「筷子燈棒」、「薯條燈棒和麥當勞企業形象燈座」。在「騎車的延伸構想」，圈起來C「幸福微笑」、D「溫暖太陽」、G「擁抱」，即可提出在辦理騎車活動或是坐腳踏車時，如何將C「幸福微笑」、D「溫暖太陽」、G「擁抱」的概念融入到騎車這個主題上。

在延伸構想階段，如果已經有構想可以具體應用，例如：做出的「筷子燈棒」、「薯條燈棒和麥當勞企業形象燈座」已經是所要表現的意象，即可以跳過或省略外移構想，直接進行創意產出的「動態發想」，透過動態發想把如何做，思考的更周延以表現燈的創意。倘若仍覺得，「筷子燈棒」、「薯條燈棒和麥當勞企業形象燈座」表現燈的創意，可以再豐富創意思考，即可進入外移構想和動態發想。

A	B	C
H	核心主題	D
G	F	E

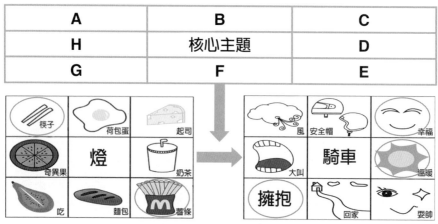

▲ 圖5.4　燈和騎車的延伸構想

三、外移構想

依照九宮格核心之延伸構想的八個創意字詞或圖畫，再外移到另衍生的九宮格進行創意構思，九宮格構想可以再應用垂直聚斂和水平擴散思考，進行填寫字詞或圖畫。核心主題、延伸構想和外移構想，如圖5.5「九宮格創作目標、延伸構想和外移構想的步驟」所示。

▲ 圖5.5　九宮格創作目標、延伸構想和外移構想的步驟

例如：以圖5.4「燈和騎車的延伸構想」在圈起來的「A筷子」和「E麥當勞」，繼續做外移九宮格的發想，如圖5.6「筷子燈和薯條燈的外移構想」，由於如果只有筷子的構想做燈，有可能只有造型構想，如果從筷子燈外移另一個九宮格再發想，有A1湯杓、A2畢業、A3轉圈、A4夾菜、A5酒杯、A6蘋果、A7魚和A8指揮等想法，這些想法有直接相關的垂直思考，也有無相關的水平思考，都可以提供做筷子燈的許多另類思維。同樣，薯條燈透過外移的九宮格發想，全是有關企業販賣的E1漢堡、E2回收、E3沾醬、E4雞塊、E5冰淇淋、E6外帶、E7號碼和E8點餐等垂直思考，都可以提供薯條燈做有益於企業發展的構想，如圖5.6「筷子燈和薯條燈的外移構想」。

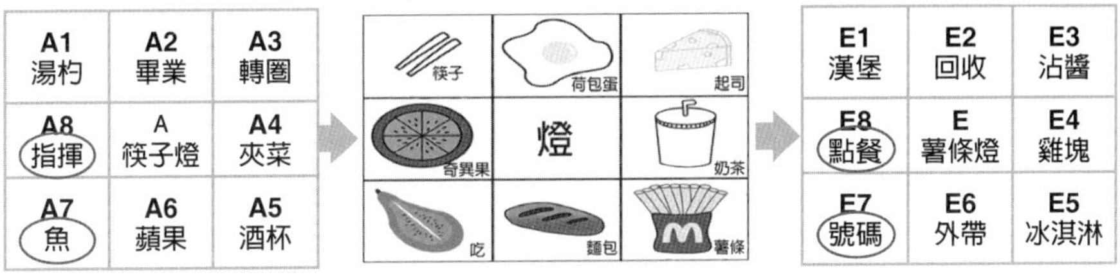

▲ 圖5.6　筷子燈和薯條燈的外移構想

四、動態發想

　　動態發想是整個蓮花綻放法具體創意成形作品的關鍵，在動態發想階段宜列表進行發想，較易簡明聚焦發想多元構思方向，也可以針對較能發揮聯想的思考點，一個一個進行多次性的擴散或聚斂思考，朝向有創意的目標發想。

　　例如：表5.3「筷子燈的動態發想」，在延伸構想和外移構想部分，可以選擇一個或多個構想，去思考融入目標的創意構想作法，進行單一構想創作一個作品，或是整合多個構想創作一個作品。在表格的目標為核心主題「燈」，延伸構想選擇到「A筷子」，外移構想選擇到「A7魚」，在腦力激盪時，可以討論整合多個外移構想為一個作

品，或是單一外移構想即爲一個創作作品。「A7魚」的創意聯想，在創意構想時想到游泳和潛水，而如何與筷子燈做結合，可以用擬人類比的思考「我希望筷子燈，能像魚一樣在水中快速游泳，幫忙找到溺水的人。」即可在功能性上設計思考「筷子燈會發光」、「像魚快速移動」和「像魚覓食找到溺水的人」，把發光、移動和定位，進行技術上的設計思考，最後，可以整合外移構想「筷子燈像魚一樣可以游泳或潛水」，成爲「筷子燈像魚一樣可以游泳或潛水，游到溺水的人所在位置，讓夜間溺水或處於視線不佳的人，可以快速抓到筷子燈，救生員可以快速救人」，筷子燈外移構想和動態修正爲筷子魚燈即產生新概念產品。

表5.3 筷子燈的動態發想

目標	延伸構想	外移構想	創意構想	構想圖譜
燈	A 筷子	A7魚	▶ 筷子燈可以像魚一樣游泳或潛水，游到溺水的人所在位置，讓夜間溺水或處於視線不佳的人，可以快速抓到筷子燈，救生員可以快速救人。 ▶ 筷子魚燈。	

五、創作命名

　　對於創作的作品命名，可以從「敘述性」的描述，例如：「我像一顆滾動的石頭」、「髮如雪」、「心靈歸返」；也可以是「情感性」的切入，例如：「青春，是值得記憶的年代」、「在飽和市場，你選對價值了嗎？」、「詩是我們共同的語言」；也可以是「決定性」的建議，例如：「愛地球不能再等待」、「停止燃燒錯誤的愛」等。無論是如何的命名，最好能夠在創作圖譜之外，加上創意說明，以縮短閱讀者或使用者對於創作認知的落差，避免遺落創意的原味。

貳 發想關鍵

一、選擇創作核心主題

（一）最平凡常見的成熟商品

生活所需各項食、衣、住、行、育、樂需求物品，網路市場熱門商品，或無意間發現之可能變化事物，例如：餐具、文具、衣架、輪胎、玩具等，都可以列入九宮格核心主題再發想。

（二）具商業價值的新創產品

從差異化、特色化、最佳化、模組化、個性化、多樣化和客製化等創意設計策略，加以評選最具商業價值的創意商品。例如：「溝痕垃圾桶」相對於「普通垃圾桶」，是具有差異化創意設計的商品，可以在垃圾桶上方邊緣，規劃幾格溝痕掛資源回收垃圾袋、幾格溝痕掛一般垃圾袋，一個垃圾桶提供與其他競爭者，有所差異化的商品，且具有附加價值，能滿足顧客的需求，進而提高市場占有率。其他如具有特色文化的「挪威鮭魚絲巾」和「素還真捕蚊拍」，改變鮭魚只能吃、素還真是布袋戲偶的傳統產品，都是具有商業價值的新創產品。

（三）具心情故事的動人產品

從許多資訊網路媒體和故事案例，常常可以看到許多感人現象，如何讓這些最具心情故事，化為具有影響力的傳播媒介，譜成詞曲或作成文創商品，可以列為創作目標核心。例如：媽祖繞境帶動對傳統信仰的尊崇的創意商品，「智慧佛珠」擁有誦經、迴向、祈福作用，但加入科技觀點傳達更多動人訊息傳遞。保險公司拍攝失智親人、親子教育等照顧影片，都是飽滿心情故事的動人產品。

二、延伸構想

　　延伸構想一般可以從虛、實策略作發想，但是如果加上W法則的擴散延伸，將可以創造更多有別於現況或產品設計的延伸構想。由WHO誰、WHERE哪裡、WHEN何時、WHAT什麼、WHY為什麼、HOW如何、HOW MUCH代價為何等面向，對於核心主題作為發想思考取向，可以快速流暢地想像許多可能創意。

　　例如：銅鑼燒是相當常見的食物，也是卡通人物哆啦A夢最愛吃的食物，除了作為吃的食物外，還有哪些創意發想呢？

　　如果從為什麼WHY去思考，吃的食物可否變成可用的燈泡。如果銅鑼燒作成燈泡可以有什麼用途WHAT？可以當成送給誰的禮品或露營的隨身掛燈嗎？這些東西有誰WHO可以購買及使用？這些東西何時WHEN使用最佳？要如何做HOW？這樣做符合市場需求和消費者需求HOW MUCH嗎？當外移構想層層創意思考時，就可以輕鬆把想做的東西，越接近使用性、意義性、目的性、功能性、意識性、時尚性和永續性地實踐完成。如表5.4「銅鑼燒九宮格延伸構想」，包括了垂直思考、水平思考和綜合思考的發想，銅鑼燒即可變成另類非銅鑼燒食物，而是具有意象的另類產品。

表5.4　銅鑼燒九宮格延伸構想

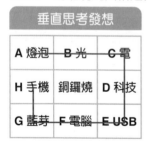
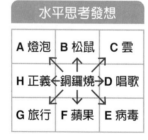
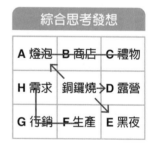

三、外移構想

延伸構想一如外移構想,只是再一次延伸發想,許多的聚斂性思考和擴散性思考,可以不需要太拘泥在此階段一定要定型,可以多應用放寬縮短、放大變小、隱喻想像和類比方法,把需要創意改造對象加以延伸構想,再加外移構想的方法,產生更多可用的創意。

例如:以銅鑼燒(創作目標)的延伸構想「A燈泡」,再進一步應用垂直和水平思考,延伸構想「A銅鑼燒燈泡」的發想歷程,如圖5.7「銅鑼燒燈泡九宮格外移構想」。

A 燈泡	B松鼠	C 雲
H 正義	銅鑼燒	D 唱歌
G 旅行	F 蘋果	E 病毒

A1 眼珠子	A2 船	A3 遙控飛機
A8 書	A 銅鑼燒燈泡	A4 臉書
A7 花心	A 6吸引	A5 珍惜

▲ 圖5.7 銅鑼燒燈泡九宮格外移構想

四、動態完成

動態完成是指如何回歸到創作原點目標,從「想像」出發「如何去設計」是最有創意、最有想像力、最被接受、現在或未來最有可能做出來的點子。在此一階段,可以選擇所有或幾個可以應用的動態完成構想。例如:動態完成的可能構想,如表5.5「銅鑼燒燈泡的動態完成發想」,透過眼珠子銅鑼燒、銅鑼燒燈泡船、遙控銅鑼燒機、臉書銅鑼燒、限量發行銅鑼燒、相吸成串銅鑼燒、銅鑼燒愛情燈泡、銅鑼燒書本燈泡等八個動態完成發想,再評估何者是最佳選擇元素來設計作品。

表5.5 銅鑼燒燈泡的動態完成發想

目標	延伸構想	外移構想	動態完成發想	動態發想主軸
銅鑼燒	A燈泡	A1 眼珠子	1. 把銅鑼燒燈泡發光點作成眼珠子造型	眼珠子銅鑼燒
		A2 船	2. 銅鑼燒燈泡作成水燈船，可漂流在水面上	銅鑼燒燈泡船
		A3 遙控飛機	3. 銅鑼燒燈泡作成飛機主體和遙控器銅鑼燒	遙控銅鑼燒機
		A4 臉書	4. 銅鑼燒燈泡可以藉由臉書分享測試接受度	臉書銅鑼燒
		A5 珍惜	5. 銅鑼燒燈泡有限量發行版	限量發行銅鑼燒
		A6 吸引	6. 銅鑼燒燈泡有磁鐵可相吸連結成串	相吸成串銅鑼燒
		A7 花心	7. 開發真心版和花心版的銅鑼燒愛情燈泡	銅鑼燒愛情燈泡
		A8 書	8. 開發隨手照書本的銅鑼燒燈泡	銅鑼燒書本燈泡

五、創作命名

　　進一步評估思考，可以「敘述性」描述、「情感性」切入和「決定性」建議等命名，根據前述八項動態發想作品，列舉作品A1眼珠子銅鑼燒、A2銅鑼燒燈泡船、A7銅鑼燒愛情燈泡、A8銅鑼燒書本燈泡。如圖5.8「銅鑼燒燈泡創作圖」。

| A1 眼珠子銅鑼燒 | A2 銅鑼燒燈泡船 | A7 銅鑼燒愛情燈泡 | A8 銅鑼燒書本燈泡 |

▲ 圖5.8 銅鑼燒燈泡創作圖

03 蓮花綻放法的創作實例

以下舉出「綜合延伸構想的動態發想案例：百變牙刷」和「單一延伸構想的動態發想案例：孔雀吉祥茶包」，進行應用蓮花綻放法的創作步驟的案例說明。

壹 綜合延伸構想的動態發想案例：百變牙刷

百變牙刷是由作者指導林孟君、甘竣允、陳彥廷等人設計發想繪圖完成（沈翠蓮、甘俊允、林孟君、陳彥廷，2015），在發想過程中，隨時可以發現原來簡單的日常用品，可以有許多新的發現和變化。

一、創作核心主題

創作者從最平凡常見的成熟商品創作牙刷，希望能從牙刷為創作核心主題，創作具有創意價值的牙刷或相關產品，如圖5.9「牙刷為創作核心主題」。

▲ 圖5.9 牙刷為創作核心主題

二、延伸構想

從這八個延伸構想的聯想過程，可以發現仍有許多是垂直式思考產生的延伸構想，例如：**西瓜**需要**杯子**，杯子像**盆栽**，盆栽是**情人**送的，和情人一起吃**大餐（食物）**，用**紙**擦桌面，要離開了上廁所坐**馬桶**，再補一下**化妝品**。如圖5.10「牙刷的八個延伸構想」。

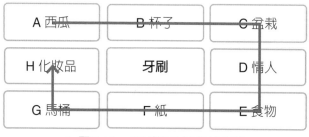

▲ 圖5.10　牙刷的八個延伸構想

三、外移構想

（一）外移構想

　　由牙刷，延伸A西瓜、B杯子、C盆栽、D情人、E食物、F紙、G馬桶、H化妝品等八個延伸構想，再分別外移到外面八個九宮格，進行每個外移小九宮格，如圖5.11「牙刷的延伸構想和外移構想」。

A1：月亮	A2：圓形	A3：蘋果		B1：馬克杯	B2：咖啡杯	B3：紅酒杯		C1：玫瑰	C2：太陽	C3：桔梗
A8：冰棒	**A 西瓜**	A4：甘蔗		B8：保溫杯	**B：杯子**	B4：紙杯		C8：香	**C：盆栽**	C4：土
A7：泳裝	A6：夏天	A5：清涼		B7：玻璃杯	B6：瓶蓋	B5：保溫瓶		C7：葡萄	C6：花園	C5：餐廳
H1：皮膚	H2：睫毛	H3：眼線		**A：西瓜**	**B：杯子**	**C：盆栽**		D1：手機	D2：LINE	D3：天鵝
H8：凹洞	**H：化妝品**	H4：眉筆		**H：妝品**	牙刷	**D：情人**		D8：偶像	**D情人**	D4：草莓
H7：口紅	H6：指甲	H5：攜帶		**G：馬桶**	**F：紙**	**E：食物**		D7：起司	D6：吐司	D5：熊
G1：報紙	G2：清潔	G3：看見		F1：韓劇	F2：眼淚	F3：流星		E1：鹽巴	E2：蒜頭	E3：芹菜
G8：容器	**G：馬桶**	G4：香香		F8：廁所	**F：紙**	F4：下雨		E8：湯匙	**E：食物**	E4：豆漿
G7：蟑螂	G6：沖	G5：旋轉		F7：大象	F6：打雷	F5：掛		E7：碗	E6：筷子	E5：魚

▲ 圖5.11　牙刷的延伸構想和外移構想

（二）說明

A 西瓜

從西瓜的聯想可以得知A1～A8，是有關於西瓜外觀（月亮、圓形）、水果相關屬性（蘋果、甘蔗、清涼）、季節（夏天）、場景相關性（泳裝、冰棒）的聯想，來進行外移構想。

B 杯子

從杯子的聯想可以得知B1～B8，是有關於各式各樣杯子的聯想，例如：馬克杯、咖啡杯、紅酒杯、紙杯、保溫瓶、瓶蓋、玻璃杯、保溫杯等，來進行外移構想。

C 盆栽

從盆栽的聯想可以得知C1～C8，是有關於植物（玫瑰、太陽、桔梗、葡萄）、地點（花園、餐廳、土）、味道（香香）的聯想，來進行外移構想。

D 情人

從情人的聯想可以得知D1～D8，是有關於情人通訊媒介（LINE、手機）、喜愛的物品（天鵝、熊、草莓、起司、吐司）、常見連續劇（韓劇）的聯想，來進行外移構想。

E 食物

從食物的聯想可以得知E1～E8，是有關於常見食物和調味料（蒜頭、芹菜、豆漿、魚、鹽巴）、食物容器（筷子、碗、湯匙）的聯想，來進行外移構想。

F 紙

從紙的聯想可以得知F1～F8，是有關於衛生紙用於場景（韓劇、流淚）、衛生紙上圖案（流星、下雨、打雷、大象）、放置地點（掛、廁所）的聯想，來進行外移構想。

G 馬桶

從馬桶的聯想可以得知G1～G8，是有關於馬桶周遭常見的物品（報紙、容器、冷氣、電風扇），這些物品的使用和作用（清潔、香香、旋轉、看見）。

H 妝品

從化妝品的聯想可以得知H1～H8，是有關於化妝品使用的地方和用品（眼線、指甲、睫毛、口紅、眉筆、皮膚），以及使用的方法和現象（塗抹、凹洞）。

四、動態完成和創作作品

動態完成是利用延伸構想和外移構想，再度深層擴散思考或聚斂思考的聯想。一般而言，動態完成大多是依照單九宮格所有構想再發想，少有跨多個九宮格進一步創意思考其間相關性，而牙刷的創意設計發想，即是運用跨多個九宮格進行創意思考設計。以下列舉四款創意發想新穎性高的作品作說明。

（一）口紅造型旋轉牙刷

表5.6「口紅造型旋轉牙刷動態完成發想分析」，顯示該作品運用G馬桶之「G5旋轉」和H化妝品之「H5攜帶、H7口紅」進行動態發想，作品如圖5.12「口紅造型旋轉牙刷」所示，這個作品小巧可愛，攜帶方便，適合用於旅行、外出，外形時尚，方便又輕巧。

表5.6　口紅造型旋轉牙刷動態完成發想分析

作品名稱	外移構想元素	延伸構想元素	動態完成發想
造型 口紅牙刷	G：馬桶	G5：旋轉	牙刷可以轉出伸長
	H：化妝品	H5：攜帶	牙刷大小與一般化妝品大小差不多
	H：化妝品	H7：口紅	外形像口紅

（二）月球牙刷架

　　表5.7「月球牙刷架動態完成發想分析」，顯示該作品運用A西瓜之「A1月亮、A2圓形」和H化妝品之「H8凹洞」進行動態發想，作品如圖5.13「月球凹洞牙刷架」所示。當家人太多，牙刷沒地方放時，月球牙刷架可以節省空間，又結合造型時尚，擺在浴室好看，又可發光。

表5.7　月球牙刷架動態完成發想分析

作品名稱	外移構想元素	延伸構想元素	動態完成發想
月球牙刷架	A：西瓜	A1：月亮	像月亮一樣可以發光
	A：西瓜	A2：圓形	外形是圓圓的球
	H：化妝品	H8：凹洞	代表上面有坑洞

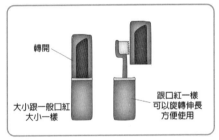

▲ 圖5.12　口紅造型旋轉牙刷

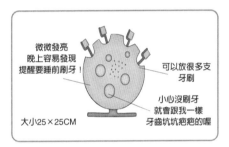

▲ 圖5.13　月球凹洞牙刷架

（三）紅酒杯藏牙刷

　　表5.8「紅酒杯藏牙刷動態完成發想分析」，顯示該作品運用三個外移構想：B杯子之「B3紅酒杯」、F紙之「F5掛」、G馬桶之「G3看見」等三個不同的延伸構想，創造具有酒杯和漱口杯雙作用的牙刷杯架組合。因此，你還在用漱口杯嗎？落伍了！牙刷紅酒杯，讓你在刷牙的時候，也能像在喝紅酒一樣優雅。作品如圖5.14「紅酒杯藏牙刷」所示。

表5.8 紅酒杯藏牙刷動態完成發想分析

作品名稱	外移構想元素	延伸構想元素	動態完成發想
牙刷 紅酒杯	B：杯子	B3：紅酒杯	漱口杯外形像紅酒杯
	F：紙	F5：掛	漱口杯可以掛在牙刷上面
	G：馬桶	G3：看見	漱口杯可以看見卡榫鬆綁牙刷頭

（四）太陽花牙刷架

表5.9「盆栽牙刷架動態完成發想分析」，顯示該作品運用了C盆栽的「C2太陽、C4土、C8香」三個延伸構想，以及G馬桶之「G8容器」的延伸構想，創造具有清新氣息的氣象在動態發想過程中，利用太陽花（向日葵）創造出田野的氣息，讓你在刷牙時能降低壓力，享受在草原的感覺，而且隨時可插多支牙刷架的構想，是個別出心裁的作品。作品如圖5.15「太陽花牙刷架」所示。

表5.9 盆栽牙刷架動態完成發想分析

作品名稱	外移構想元素	延伸構想元素	動態完成發想
盆栽 牙刷架	C：盆栽	C2：太陽	太陽花用來裝飾
	C：盆栽	C4：土	像土的保麗龍，可以讓牙刷插著
	C：盆栽	C8：香	會散發出花香味道
	G：馬桶	G8：容器	像盆栽一樣的容器

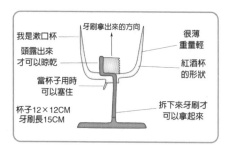

▲ 圖5.14 紅酒杯藏牙刷

▲ 圖5.15 太陽花牙刷架

單一延伸構想的動態發想案例：孔雀吉祥茶包

單一延伸構想的動態發想是指所有的構想，均從一個延伸構想的九宮格，針對核心主題作最適當創作的創意發想。

一、核心主軸

這是以相當常見的成熟商品來創作茶包，希望為茶包帶來喝茶時的意境，是舒展開放的美麗景象，如圖5.16「茶包為創作核心主題」。

▲ 圖5.16　茶包為創作核心主題

二、身體有感，動動腦解題一下

茶包的延伸構想，希望能創造喝茶時的意境是舒展開放的美麗景象，因此，聯想到喝茶歷史悠久又時尚的A英國、喝茶也像喝B咖啡一樣、C孔雀開屏氣象萬千、可以用社群平台D的LINE、E的FACEBOOK傳遞喝茶相關訊息，接著聯想到喝茶和F睡覺、喝茶熱時有G風吹會很舒服，以及送茶葉當H禮物，是很適當的送禮選擇。從茶包外移創意發想的八個構想，都是個別性、放射性、絕緣性的輻射性思考方式，如圖5.17「茶包的八個延伸構想」。

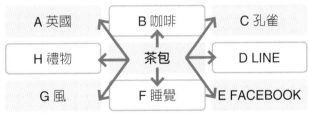

▲ 圖5.17　茶包的八個延伸構想

三、外移構想

（一）外移構想圖

如圖5.18「茶包的延伸構想和外移構想」，茶包選擇延伸構想C孔雀，繼續外移構想的發想。

A. 英國	B. 咖啡	C. 孔雀
H. 禮物	茶包	D. LINE
G. 風	F. 睡覺	E. FACEBOOK

C1 飛	C2 開屏	C3 吃東西
C8 香味	C 孔雀茶包	C4 眼珠子
C7 代表性	C6 漂浮	C5 高吭

▲ 圖5.18　茶包的延伸構想和外移構想

（二）說明

選擇「C孔雀」作爲孔雀茶包的延伸構想，接著以孔雀茶包繼續創意發想之外移構想，包括：C1飛、C2開屏、C3吃東西、C4眼珠子、C5高吭、C6漂浮、C7代表性、C8香味等八個外移構想。再選擇C1飛、C2開屏、C4眼珠子、C5高吭、C6漂浮、C7代表性等六個構想，作爲動態完成的創意思考與設計依據。

四、動態完成和創作圖譜

從外移構想元素當中可以發現，整個創意思維從自古相傳看到白色孔雀會帶來好運，殊勝吉祥獲得幸運之神的眷顧，尤其是白色孔雀開屏時，潔白無瑕更能帶來意想不到的好運氣。開屏時左右擺動翩翩起舞，像極了純潔與幸運的舞者，充滿了吉祥好運的祝福，作爲有意義代表性的禮品，適合各年齡階層的消費者選購。從C孔雀，透過C1飛：茶包有飛翔的高低感；C2開屏：孔雀造型尾部會在水面上張開；C4眼珠子：孔雀眼珠子會隨水溫度高低而變化；C5高吭：孔雀脖子能伸長像引吭高歌的樣子；C6漂浮：孔雀吉祥茶包會呈現白色漂浮在水面；C7代表性：販賣孔雀吉祥茶包時能呈現吉祥如意意象。動態完成

和創作圖譜如表5.10「孔雀吉祥茶包的動態發想歷程」、圖5.19「孔雀吉祥茶包示意圖」（沈翠蓮、程日君，2016）。

表5.10　孔雀吉祥茶包的動態發想歷程

目標	延伸構想	外移構想	動態完成發想	動態發想主軸
茶包	C孔雀	C1飛	茶包有飛翔的高低感	孔雀吉祥茶包
		C2開屏	孔雀造型尾部會在水面上張開	
		C4眼珠子	孔雀眼珠子會隨水溫度高低而變化	
		C5高吭	孔雀脖子能伸長像引吭高歌的樣子	
		C6漂浮	孔雀吉祥茶包會呈現白色漂浮在水面	
		C7代表性	販賣孔雀吉祥茶包時能呈現吉祥如意意象	

▲ 圖5.19　孔雀吉祥茶包示意圖

創意挖新知報導

英國Waitrose的
無塑包裝販售

一、創意發想問題

　　無塑風持續席捲英國零售業，只用可回收材質還不夠「綠」，讓顧客可以帶著自家瓶瓶罐罐去買菜的「無包裝超市」，可能才是未來的購物型態！一趟超市大採購，如何才能「不帶走一片塑膠」？英國曾被票選為滿意度最高的維特羅斯超市（Waitrose），推出「無包裝實驗」，超過200種商品統統省去一次性包裝，裝在賞心悅目的玻璃桶內，顧客必須自備容器，才能把它們裝回家。Waitrose為英國皇室御用品牌，曾獲英國女皇伊莉莎白二世頒發認證徽章，商品強調高檔品質。

二、創意設計思考

　　世界最早推動無塑商店，首推荷蘭的Ekoplaza超市，先用生物薄膜（Biofilm）顛覆「非塑膠不可」的印象，成為全球第一個無塑超市。接著，全球第二家無塑超市，在英國的松頓布珍超市（Thornton's Budgens），只提供紙袋包裝，連新鮮肉類也是一樣，因為這是全英第一家無塑超市，超市在10週內就成功將1,825個品項變成無塑包裝！英國維特羅斯超市（Waitrose）則更進一步推動「無包裝零售區」，除了常見的裸賣蔬果和鮮花，也有穀類、紅白酒與啤酒等，還包括洗衣精、去汙劑等清潔用品，統統都是秤重計算。忘了攜帶容器的顧客也可以支付5英鎊（約200元台幣）押金，向超市借用瓶罐，下次歸還可以拿回全部押金。維特羅斯在2018年訂下目標，全

部自有品牌要在2023年以前盡可能去除塑膠包裝，無法捨去的包裝也改為可回收或可生物分解材質。無塑包裝這場實驗的潛力無窮，可以形塑未來人們在永續環境的實踐。

三、感覺和創意解題

▶ 無塑這個主題，請自由聯想八個延伸構想，在超市你會運用哪些延伸構想來進行無塑呢？

▶ 容器這個延伸構想，請再自由聯想八個外移構想？在容器，你會運用哪些外移構想來進行無塑容器呢？

▶ 請將你的聯想配對到無塑超市，在這個無塑核心主題上，哪些無塑容器是可行的構想呢？

蓮花綻放法

骰子 → （音） → 音樂骰子

♪♪•♪♪•♪♪•♪♪•♪♪•♪♪•♪♪•♪♪•♪♪•♪♪•♪♪•

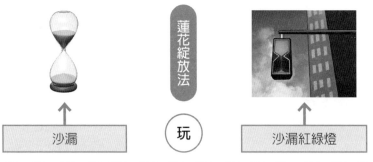

沙漏 → （玩） → 沙漏紅綠燈

♪♪•♪♪•♪♪•♪♪•♪♪•♪♪•♪♪•♪♪•♪♪•♪♪•♪♪•

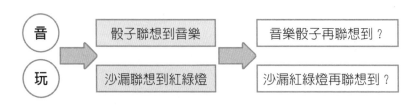

| （音） | 骰子聯想到音樂 | 音樂骰子再聯想到？ |
| （玩） | 沙漏聯想到紅綠燈 | 沙漏紅綠燈再聯想到？ |

透過水平和垂直思考延伸外移九宮格，動態聯想做創意設計

換你做做看～蓮花綻放法

本章心得

第六章

屬性列舉法的創思和實例

經典、驚喜
&
驚探、驚嘆

　　屬性列舉法（**attribute listing**）是可以一改再改的創意方法，根據聯想到特徵、希望或是缺點的一個有創意點子，應用在想要換新創意的作品上，即可煥然一新成為另一個有創意作品。因此，有人認為屬性列舉法是舊瓶裝新酒、老梗換新裝的創意方法。第一節說明屬性列舉法的基本功夫，理解屬性列舉法的基本概念和建置屬性列舉法；第二節介紹屬性列舉法的創作步驟和關鍵要點，認識創作步驟快速接軌創新作品；第三節分享屬性列舉法的創作實例，認識到如何應用屬性列舉法創作步驟到實際創作的應用。

01 屬性列舉法的基本功法

請運用書中的屬性列舉基本公式和建置屬性列舉的類別案例等創意技法，作創意聯想和設計思考。

02 屬性列舉法的創作步驟

請運用書中的蒐集資訊決定改進對象、分綱別類、再思分綱別類的屬性、列舉應有而未有的屬性和選擇值得改善的屬性創作等創意技法，作創意聯想和設計思考。

03 屬性列舉法的創作實例

請運用書中的實例一：想像趣味小便斗、實例二：動物露營燈和烏龜花燈等創意技法，作創意聯想和設計思考。

✔ 創意挖新知報導

✔ 創意賣味練習題

希臘女孩手工傘燈 的創意啟示錄

化身為優雅爛漫的希臘女神傘燈，陪伴著青澀想像世界的寂寞，走著走著停下來，就在身邊微微放光陪伴，女神被風吹揚的裙擺及手持雨傘，搖曳生姿又可愛，來個喜歡的希望屬性，賦予另類期待吧！

01 屬性列舉法的基本功法

壹 屬性列舉法的基本概念

　　屬性列舉法（attribute listing）是美國內布拉斯加大學（University of Nebraska）克勞福教授（Robert P. Crawford）在1954年所創的創意技法（Crawford, 1979），以下說明此創意技法的基本概念。

一、列舉屬性增強創意

　　屬性列舉法的基本概念，是將原物加上所列舉的概念（可以是用名詞聯想的相關概念、用動詞聯想的相關概念、用形容詞聯想的相關概念），原物加上屬性概念即可變成新的觀點或產物，如下所示：

（一）屬性列舉基本公式

　　屬性所指的是特性或特徵，原物加上屬性即可成新物，如圖6.1「屬性列舉的基本公式」。

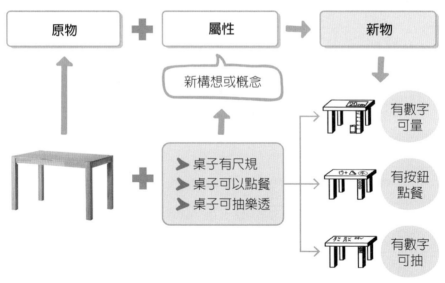

▲ 圖6.1　屬性列舉的基本公式

就改造創新桌子，可以加上所列舉的名詞聯想相關概念、動詞聯想相關概念、形容詞聯想相關概念等新構想或概念，即產生相當多新的創意桌子。如表6.1「桌子融入屬性產生新物的創意思考」所示。

表6.1 桌子融入屬性產生新物的創意思考

屬性分類	列舉屬性	桌子		
		桌子連結屬性	連結意義	創意設計
名詞	1.玫瑰花	1.玫瑰花＋桌子	1. 桌子有玫瑰花香味，在餐桌用餐色、香、味俱全。	例如：桌子有尺規，可以量長度
	2.尺	2.尺＋桌子	2. 桌子有尺規，可測量物長。	
動詞	1.點餐	1.點餐＋桌子	1. 桌子可以點餐，按1、2、3、4、5可點不同餐點。	例如：桌子可以點餐
	2.爬樓梯	2.爬樓梯＋桌子	2. 桌子可以像爬梯，可以裝置盆栽或書本。	
	3.吹氣球	3.吹氣球＋桌子	3. 桌面像吹汽球胖胖的，感覺非常可愛。	
形容詞	1.滑滑的	1.滑滑的＋桌子	1. 桌子像蛇滑滑的，挑戰坐桌子時的勇氣。	例如：桌子可抽樂透
	2.好摸的	2.好摸的＋桌子	2. 桌子有曲線，是好摸的令人不想離座。	
	3.開心的	3.開心的＋桌子	3. 桌子可抽樂透，令人開心的想多抽幾次。	

（二）融入屬性方法

從圖6.1「屬性列舉的基本公式」可以得知，屬性的發想可以是很簡單的字詞，名詞、動詞和形容詞的創意發想，選擇單一屬性進行創意改造成新物，可以讓一般人迅速敏覺看到單一屬性變化的創意。選

擇屬性不限從哪一種詞性的創意思考來發想點子，只要是可改造爲新物的，即可應用之。

1. 單一屬性

例如：面紙盒（原物）連結山（屬性），變成山形面紙盒（新物）。開口變成可裝乾、濕兩種面紙的面紙盒；或單一面紙盒可有兩個開口，採兩抽衛生紙方式。如圖6.2「面紙盒加山的山形面紙盒」。

▲ 圖6.2　面紙盒加山的山形面紙盒

2. 融入雙重屬性

例如：鬧鐘（原物）連結飛（屬性1）與螺旋槳（屬性2）變成會飛的鬧鐘，會飛的鬧鐘再融入屬性2的構想是：加上螺旋槳飛翔時，睡覺的人不會隨手丟鬧鐘或按鬧鐘，而是聽到鬧鈴就須起床追會飛的鬧鐘，而追到且捉住鬧鐘並按下按鈕，人自然也就清醒。如圖6.3「融入雙重屬性～會飛的鬧鐘」。

▲ 圖6.3　融入雙重屬性～會飛的鬧鐘

3. 融入多樣屬性

例如：戒指（原物）連結數字（屬性1）、LED光（屬性2）和超薄彎形電池（屬性3），就可以變成時間戒指。更新戒指的傳統思維，使戒指可以藉由LED燈光、數字提醒和電源提供，讓戒指可以當作手錶看時間，也可以表達愛情意義，那麼時間戒指（新物）取代手錶報時，甚至成為告白戒指呈現LOVE（新物）。如圖6.4「時間戒指」。

| 戒指 | 數字 | LED | 超薄彎形電池 | 時間戒指 |

▲ 圖6.4　時間戒指

二、五官感覺增強屬性創意

一般人對於聯想點子充滿了豐富的想像，如能將五官觀察所聯想到的點子，應用到新創產品的屬性（所屬性質），將可以產生具有變通、新穎和敏覺性高的創意產品。善用視覺、觸覺、味覺、嗅覺和聽覺等五種「感覺」，觀察周遭的人、事、物、境，有哪些是值得記錄繪製的圖像，當作選擇原物的可用屬性，以創作新穎的創意作品。

（一）視覺的觀察增強屬性創意作品～尼斯湖水怪湯匙

著名的「尼斯湖水怪湯匙」（Nessie）是非常有設計感的作品，由以色列OTOTO設計品牌出產。OTOTO擅長以幽默風趣感，讓消費者「立刻・馬上」（OTOTO的希伯來文意義）欣賞到設計師既實用又新穎、有創意的商品，體會到新穎總是在瞬間不注意的片刻產生，轉角處又可以遇見讓人蹦出興奮的想法設計，如圖6.5「尼斯湖水怪湯匙大變身」，設計融入水怪在湖中（杯中），尼斯湖水怪浮出水面探頭，非常有趣味感，或是尼斯湖水怪肚子可以裝茶葉，都具有實用的趣味。

▲ 圖6.5　尼斯湖水怪湯匙大變身

（二）五官感覺的觀察增強屬性創意作品～五官感覺湯匙

　　善用五官感覺到的屬性，繼續以湯匙融入屬性創作，如圖6.6「五官感覺創意湯匙設計」，應用視覺、聽覺、味覺、嗅覺和觸覺等五種感覺，進行設計湯匙。「看！我是誰匙」依照視覺聯想，加入「看見自己」屬性，讓喝湯可以看見自己臉上模樣；「聽！歌聲繚繞匙」依照聽覺聯想，加入「麥克風」屬性，讓用湯匙喝湯可以聽到麥克風發出聲音；「吃！只有30%味道匙」依照味覺聯想，加入「我想喝到的濃淡味道」屬性，要喝湯可以先讓小兔子來控制味道濃淡；「嗅！聞到魚味道匙」依照嗅覺聯想，加入「美人魚」屬性，讓人聞到鹹鹹的美人魚氣味；「觸！匙可掛耳環」依照觸覺聯想，加入「想掛起來摸到」屬性，讓湯匙變小耳環接觸到耳朵更具美感。

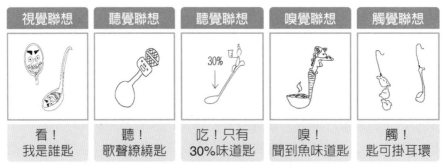

視覺聯想	聽覺聯想	聽覺聯想	嗅覺聯想	觸覺聯想
看！ 我是誰匙	聽！ 歌聲繚繞匙	吃！只有 30%味道匙	嗅！ 聞到魚味道匙	觸！ 匙可掛耳環

▲ 圖6.6　五官感覺創意湯匙設計

三、六種認知經驗增強屬性創意

記憶、理解、分析、判斷、整合和創造等六種經驗是認知的基礎，對於所經驗過的人、事、物、境等狀況，都會有印象融入知識的理解。例如：記憶的人（小孩、快樂的老人、孕婦、公車司機、小氣的人和行善的人等）；記憶中事情的起因、發展和結局；記憶中相關產品設計、建築物、景物有哪些特色；記憶周遭情境的動態氛圍有哪些特別現象，透過觀察列出屬性的特色，作為創意作品或策略的設計思考依據。依此類推到理解、分析、判斷、整合和創造，即可因為記憶的結果作為理解的人、事、物、境的設計思考依據；理解結果作為分析人、事、物、境的設計思考依據；分析結果作為判斷人、事、物、境的設計思考依據；判斷結果作為整合的設計思考依據；整合結果作為創造人、事、物、境的設計思考依據。

「希臘女孩精緻手工桌燈——My name is Nicoleta」這是個創意燈具。希臘女神是多數人對於希臘神話的印象，這個產品把「女神被風吹揚的裙擺及手持雨傘，搖曳生姿又可愛！」的記憶經驗，加在燈具的創意上，變成了現代女神身上一樣有著被風吹揚的裙擺及手持雨傘，更顯得活潑俏麗。當然，要創作這個燈具，除了「記憶」的隨風搖曳和希臘女神印象之外，需經過「理解」燈具和裙襬、雨傘之間的關係，加上「分析」擺放燈具位置和展現活潑可愛創意的神情，「判斷」正確的搖曳生姿燈光在雨傘罩面可以投影，神祕女神的手持燈源位置，「整合」像是現代希臘女神手持著火把的樣子，最後終能「創造」美麗的女神燈。創意構想如圖6.7「希臘女孩精緻手工桌燈——My name is Nicoleta」。

▲ 圖6.7　希臘女孩精緻手工桌燈——My name is Nicoleta

貳　建置列舉屬性的類別

克勞福教授在屬性列舉的類別，建議從特色、優缺點和希望三個向度，思考屬性列舉類別的取向。以下分別舉出特色列舉的案例、優缺點列舉的案例和希望列舉的案例。

一、特色列舉的案例

特色列舉的方法，通常會呈現特色有對立、不和諧、不尋常等現象，或是尺寸長度、重量或是氛圍的極大化或極小化現象。如表6.2「特色列舉原則、相關例子和應用設計圖譜」，炙燒螃蟹湯勺架呈現列舉特色對立現象；許願蒲公英大頭針呈現列舉特色不和諧現象；水波蛋船呈現列舉特色不尋常現象；潛水艇泡茶器呈現列舉特色極大化或極小化現象，這些都是簡單易用的創意技法。

表6.2　特色列舉原則、相關例子和應用設計圖譜

特色列舉原則	相關例子	應用設計圖譜
特色對立現象	1. 炙燒螃蟹湯勺架：螃蟹是在「鍋裡」的食物，現在變成湯「鍋外」的大力士。 2. 對立現象：鍋內和鍋外呈現熟透變色對立現象，有點讓人猜想相互較勁的味道。	
特色不和諧現象	1. 許願蒲公英大頭針：大頭針是「危險」的文具，卻化身作為「輕盈可愛」的蒲公英花絮。 2. 不和諧現象：危險的文具，卻變成可移動又輕盈可愛的花朵。	
特色不尋常現象	1. 水波蛋船：蒸蛋容器通常是會利用「圓形不鏽鋼」的容器，現在卻利用「一艘小船」來作為蒸蛋的容器。 2. 不尋常現象：船可以做什麼呢？蛋可以坐船去旅行嗎？	

特色列舉原則	相關例子	應用設計圖譜
特色極大化或極小化現象	1. 潛水艇泡茶器：潛水艇是相當大的「軍事戰船」，把戰船化作極小的「泡茶器」，別有一番風味。 2. 極致現象：利用極大、極小現象，移作容器設計，讓人難以補捉大小感覺。	

二、優缺點列舉的案例

　　優缺點列舉的方法，通常會呈現優缺點的問題和問題癥結，是值得被彰顯的優點，或是需要加以改進的缺點。例如：喝奶茶時，究竟奶茶容量多少，可否自然而然在喝的時候知道容量，設計知道奶茶容量多少的優點；吃飯時碗筷合一或是碗叉合一，比較可以避免汙染的缺點；水龍頭出水口口徑有多種，可調節出水量大小，可以更節水。如表6.3「優缺點列舉的問題癥結、改善方法和應用設計案例」。

表6.3　優缺點列舉的問題癥結、改善方法和應用設計案例

列舉問題癥結	改善方法	應用設計案例
喝茶時怎麼知道容量多少，增加品茗意境和健康。	設計茶杯有尺規，尺規可以有意境的類比月亮圓缺。	
吃飯時，怎麼讓餐具不會接觸到桌面髒汙，讓飲食更健康。	想像餐具不要放桌面，碗筷（叉子）可以合而為一。	
吃有沾醬的麵或加牛奶的燕麥奶，怎麼區分開來呢？	想像中隔島可以把左右或前後，作個區別，必要時可以再交會。	
水龍頭出水，怎樣做可以更節約用水。	水龍頭出水量是可以電腦控制大小，或設計水龍頭外接出水墊片，依照水量大小設計。	

三、希望列舉的案例

　　希望包括想要、渴望、期待，甚至是不想要、躲避、離開、排除等，心理和事實相連結的希望。進行希望列舉，可以從食、衣、住、行、育、樂、身體、心理、心靈層面的探索期待，或是從人、事、地、境、物的期待出現或是不希望出現進行思考。希望可以不使用體重計秤重，就知道體重嗎？那麼穿上鞋子，鞋子就是體重計。希望滑鼠像貓掌一樣舒服，讓寫作業也很舒服，當用了貓掌滑鼠一段時間，會出現魚的圖像，即提醒告訴你該休息了。希望置放菜刀時，能更小心呵護置放架和菜刀，那麼像花朵一般嬌嫩的刀架，提醒你成為護花刀主。希望找到教堂建築物最適當放十字架的地方，最適當的十字架在建築物的心靈主體，找到結構出口就對了。有希望就有列舉希望的屬性，這種創意技法需要從內心期待或觀察外物著眼，如表6.4「希望列舉的創意發想、希望目的和應用設計圖譜」。

表6.4　希望列舉的創意發想、希望目的和應用設計圖譜

希望的創意發想	希望目的	應用設計圖譜
希望可以不使用體重計秤重，就知道體重嗎？	➤ 下床穿上鞋子，就可以快速知道自己的體重。 ➤ 希望體重計可以加在拖鞋上，變成體重計拖鞋。	
希望滑鼠像貓掌一樣舒服，讓寫作業也很舒服，並提醒該休息了。	➤ 寫作業一直用滑鼠打字和工作到很累，又忘了要休息。 ➤ 希望滑鼠能像貓掌舒服，又能提醒該休息。	出現魚，該休息了
希望置放菜刀時，能更小心呵護置放架和菜刀。	➤ 放菜刀要很小心，希望像愛護花朵般的心情，小心置放。 ➤ 希望綻放花朵的菜刀架，能提醒主人，花朵很脆弱要小心放。	菜刀 底座
希望找到教堂建築物最適當放十字架的地方。	➤ 十字架能在加入教堂建築物時，看起來是很自然的軸線。 ➤ 希望十字架教堂可以正面、正向迎向人群。	

02 屬性列舉法的創作步驟

　　屬性列舉法是希望從單一類別進行屬性發想，可以創造出非常多樣化有別於現況的創作，以下說明發想關鍵和創作步驟。

壹　蒐集資訊決定改進對象

　　思考所要改進對象有何缺點癥結，有無特別要彰顯特色，或是因為使用過或是參與過希望變化創意等，都可以列出需要改進之處或理由，再決定改進對象，可以透過搜尋資訊評估後再決定改進對象。

　　例如：目前水龍頭外觀都太古板老套，缺乏使用上的新鮮創意，但水龍頭又是天天轉開水時，都要接觸的生活用品，如何改進水龍頭的使用問題和期待產生新意，是有創意改進的必要性和需求性。又如電風扇一定要有扇葉才能產生風，但是扇葉轉動不小心容易卡到手，因此，Dyson無扇葉風扇就此產生。所以，只要是因生活或使用不便，而意外發生狀況，或是想像另一種新希望，都可以作為改進對象。

貳　分綱別類

　　分綱別類是創造屬性列舉的重要開始，可以針對改進對象或是目標，進行具體結構性或抽象擴散性的分綱別類探索思考；亦可以從希望、缺點和特色屬性進行列舉。

一、具體結構性的分綱別類

　　例如：以電風扇進行具體結構性的分綱別類，可以區分如圖6.8「電風扇具體結構性的分綱別類」，主要是從改進對象具體結構的外在或內在成分，進行分類。

▲ 圖6.8　電風扇具體結構性的分綱別類

二、抽象擴散性的分綱別類

　　例如：以電風扇進行抽象擴散性的分綱別類，可以區分如圖6.9「電風扇抽象擴散性的分綱別類」，主要是從改進對象並無直接相關的想像或非邏輯思考，進行分類。

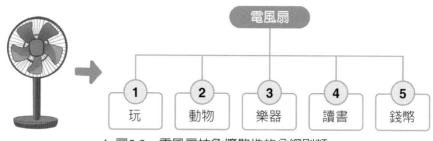

▲ 圖6.9　電風扇抽象擴散性的分綱別類

參　再思分綱別類的屬性

　　分綱別類之後，接著即可以應用創意思考列舉每個類別下的屬性，屬性的列舉可以是和分類有相關或無相關的名詞、動詞和形容詞進行聯想，在進行列出屬性時，可以一邊想像如何將這一個屬性和改進對象的創作相結合。例如：以創作「電風扇」為改進對象，在「支架」分類的名詞聯想到「WiFi」、動詞聯想到「發聲」、形容詞聯想

到「按摩的」等三個詞，即應想像如何應用WiFi在電風扇支架的意涵或是圖像、應用發聲在電風扇支架的意涵或是圖像、應用按摩在電風扇支架的意涵或是圖像，如此，將快速促進列舉應有而未有的屬性的選擇。

肆　列舉應有而未有的屬性

　　要超越許多成熟產品的創意，事實上是不容易的。但如果在列舉和選擇「應有而未有的創意」加些巧思，多利用名詞、動詞、形容詞的垂直和水平思考想像的點子，評估「應有而未有的屬性」可行性和商品化價值，是相當有意義的腦力激盪。選擇應有而未有的屬性，可以是單一結合屬性，或是多樣化結合屬性。

　　例如：以前述圖6.8「電風扇具體結構性的分綱別類」和圖6.9「電風扇抽象擴散性的分綱別類」，進行應有而未有的點子發想和創意。如表6.5「電風扇具體結構性的應有而未有發想點子」，透過名詞、動詞和形容詞的思考發想屬性點子，應用在改善電風扇支架的分類這個類別，結合列舉和意義創造，再經過評估結合意義後，選取可行的改善屬性創意，最後獲得三個評估後的應有而未有改善屬性創意，包括：電風扇支架值得設計應有而未有的「WiFi」功能、電風扇支架值得設計應有而未有的「聲控」功能、電風扇支架值得設計應有而未有的「按摩」功能。

　　表6.6「電風扇抽象擴散性的應有而未有發想點子」，透過名詞、動詞和形容詞的思考發想屬性點子，以電風扇和分綱別類的類別，結合列舉和意義創造，再經過評估結合意義後，選取可行的改善屬性創意，最後獲得三個評估後的應有而未有改善屬性創意，包括：電風扇整體設計像薩克斯風造型，是可以提著走的樂器造型電風扇；電風扇可以結合音響播放聲音，改變原有電風扇聲音為樂器聲；電風扇會辨識主人的聲音，乖乖聽話啟動和運作。

表6.5　電風扇具體結構性的應有而未有發想點子

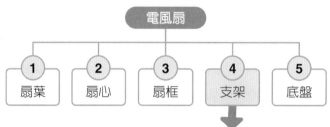

思考	屬性	列舉	列舉意義	評估	設計
名詞聯想點子	鏡子	鏡子支架	鏡子太低照不到	X	V電風扇支架值得設計應有而未有的「WiFi」功能。
	WiFi	WiFi支架	可以預設電風扇功能	V	
	尺	尺支架	尺規可以清楚支架高度	O	
動詞聯想點子	拼圖	拼圖支架	透過拼圖增強說明意義	O	V電風扇支架值得設計應有而未有的「聲控」功能。
	翻轉	翻轉支架	翻轉支架可以放物品	O	
	發聲	發聲支架	聲控使用電風扇	V	
形容詞聯想點子	舒服的	舒服的支架	質感是舒服的	O	V電風扇支架值得設計應有而未有的「按摩」功能。
	刺刺的	刺刺的支架	刺刺的提醒小心使用	O	
	按摩的	按摩的支架	邊吹風扇邊按摩	V	

表6.6　電風扇抽象擴散性的應有而未有發想點子

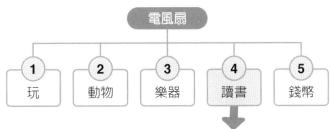

思考	屬性	列舉	列舉意義	評估	設計
名詞聯想點子	鋼琴	鋼琴電風扇	有鍵盤的電風扇	X	V電風扇整體設計像薩克斯風造型，是可以提著走的樂器造型電風扇。
	薩克斯風	薩克斯風電風扇	像薩克斯風造型的電風扇	V	
	鈴鼓	鈴鼓電風扇	拍打鼓面會出聲的電風扇	X	
動詞聯想點子	吹	電風扇會吹聲音	電風扇運作同時有樂器聲	V	V電風扇支架值得設計應有而未有的「聲控」功能。
	彈	電風扇可以彈	電風扇可以結合彈奏樂器	X	
	拉	電風扇可以拉	電風扇可以結合拉奏樂器	O	
形容詞聯想點子	硬的	硬的電風扇	電風扇材質像鋼那麼硬	O	V電風扇會辨識主人的聲音，乖乖聽話啟動和運作。
	乖的	乖的電風扇	電風扇會乖乖聽話	V	
	吵的	吵的電風扇	電風扇會控制吵鬧聲量	O	

創作都有可行性、進步性、價值性、市場性和新穎性的評估規準，因此，選擇值得改善的屬性創作，多元思考。

荷蘭服飾店思考經營服飾買賣，就像「圖書館」借書經營方式，讓喜歡天天變換不同服飾的人，可以天天到服飾店像借書一樣，借出多款衣服穿著，只是，借衣卡須繳基本費用，和每次借衣費用，作為服飾店經營的管控機制。圖6.10「好想看你燈～拍手聲控水滴燈」有：1.燈座的吸盤、手機架功能；燈柱的玻璃和螢光漆表現；燈罩的感熱體溫調整亮度裝置、拍手聲控開關、可透光亮度燈罩等多個值得改進屬性，在可行性、進步性、價值性、市場性和新穎性等規準評估真正需求後，或許選擇「拍手／聲控開關」這個屬性，對於無法動手開燈只能說話，或是無法說話只能動手開燈的人，是值得改善的屬性。

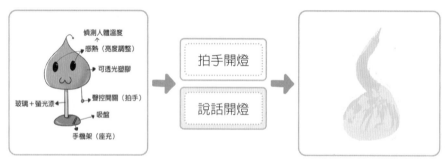

▲ 圖6.10　好想看你燈～拍手聲控水滴燈

03 屬性列舉法的創作實例

屬性列舉法是從現有的產品和策略當中,融入「屬性」的列舉特色、缺點和希望,應用發想時最簡單的詞性列舉(名詞、動詞、形容詞),作為改善原物創新作品的依據。屬性列舉法的創作步驟包括:一、蒐集資訊確認改進對象;二、改進對象分綱別類;三、再創思分類的屬性;四、列舉應有而未有的屬性;五、選擇值得改善的屬性創作。以下先舉例想像趣味小便斗,應用屬性列舉改造創作「迷惑貝殼小便斗」、「香香咖啡杯小便斗」和「升降機器人小便斗」;再以作者指導學生吳宜蓁創作「動物露營燈」和陳滋妤創作「烏龜花燈」作說明。

壹 屬性列舉法創作「想像趣味小便斗」

一、蒐集資訊確認改進對象

此一階段作為創作者確認目前現有值得改進創作對象的相關資料作搜尋,得知有創意的小便斗,包括:開花便斗、開口便斗、撲克便斗、修女便斗,如圖6.11「創意小便斗的搜尋」,觀察這些創意小便斗,可以再思考哪一個是值得再改造的對象,例如:開花便斗即是可再思考改進的對象。

★開花便斗　　　開口便斗　　　撲克便斗　　　修女便斗

▲ 圖6.11　創意小便斗的搜尋

二、改進對象分綱別類

從具體結構性的分綱別類發想「開花便斗」的分類，可以從外觀、泡水、營養、動作等四個與開花便斗作聯想，其中外觀和動作是和開花便斗有直接相關的垂直思考；泡水和營養則和開花便斗無直接相關的水平思考，爲進行分類，如圖6.12「開花便斗的分綱別類」。

▲ 圖6.12　開花便斗的分綱別類

三、再創思分類的屬性

依據外觀、泡水、營養、動作等四個分類，再依照名詞、動詞、形容詞對於每個類別進行創意思考，從所列舉屬性加以觀察，如圖6.13「開花便斗再創思分類的屬性」。聯想的屬性包括與分類有邏輯關係的垂直思考和無直接相關的水平思考都有。

外觀	泡水	營養	動作
名詞			
壽司、魚、貝殼、無花果、鯨魚	引擎、颱風、蘋果、豆芽	維他命、咖啡、有機	排球、機器人、選手、歡呼、明星、咖啡杯
動詞			
摸、聞、玩、敲、來去	噴、沖、發炎、叫、睡	健康、游泳、跑步、感應	上下移動、左右搖擺、前後旋轉、開動、閉氣
形容詞			
優雅的、趣味的、受傷的	濕的、滑滑的、起水泡的	有力的、無心的、誠實的、認真的、有執行力的	有質感的、粗魯的、勤學的

▲ 圖6.13　開花便斗再創思分類的屬性

四、列舉應有而未有的屬性

在列舉應有而未有的屬性，採行特色不尋常和多樣化結合屬性方式，檢視列舉應有而未有的屬性來創作新的小便斗，包括：結合「貝殼、敲、優雅的和來去」等列舉屬性，做成「迷惑貝殼小便斗」；結合「無花果、摸、受傷的」等列舉屬性，做成修補受傷心靈的小便斗；結合「機器人、上下移動、歡呼」等列舉屬性，做成「升降機器人小便斗」；結合「咖啡杯、前後旋轉、有質感的和沖」等列舉屬性，做成「香香咖啡杯小便斗」。發想過程如表6.7「創作小便斗列舉應有而未有的屬性」。

表6.7　創作小便斗列舉應有而未有的屬性

分類	屬性	應有而未有的屬性或功能
外觀	N：壽司、魚、貝殼、無花果、香蕉 V：摸、聞、玩、敲、來去、剝皮 Adj：優雅的、趣味的、受傷的	▶ 小便斗：貝殼＋敲＋優雅的＋來去＝迷惑貝殼的小便斗。 ※造型像貝殼，敲敲可以很優雅的打開貝殼，尿完，小便斗可以優雅的關回去貝殼。
動作	N：排球、機器人、選手、歡呼、明星、咖啡杯 V：上下移動、左右搖擺、前後旋轉、開動、閉氣 Adj：有質感的、粗魯的、勤學的	▶ 小便斗：機器人＋歡呼＋上下移動＝升降機器人小便斗。 ※傳統小便斗加上機器人按鈕，可以依照身高上下移動，尿完後，會歡呼自動移回定點位置。 ▶ 小便斗：咖啡杯＋前後旋轉＋有質感的＋沖＝香香咖啡杯小便斗。 ※把小便斗做成咖啡杯，讓尿尿的感覺像在泡咖啡，咖啡杯會有質感的前後旋轉，尿完，很香的咖啡香，自動沖水。

五、選擇值得改善的屬性創作

首先從多種列舉屬性創作的四個小便斗當中，經過評估，選擇迷惑貝殼小便斗、升降機器人小便斗和香香咖啡杯小便斗等三個可行性和新穎性高，又值得改善的屬性創作，如圖6.14「想像趣味小便斗創

作產出：迷惑貝殼小便斗」、圖6.15「想像趣味小便斗創作產出：升降機器人小便斗」、圖6.16「想像趣味小便斗創作產出：香香咖啡杯小便斗」。

圖6.14「想像趣味小便斗創作產出：迷惑貝殼小便斗」使得上廁所有種遇見珍珠的趣味，用手敲外殼，小便斗就會緩緩打開，散發微微光芒；尿量越多，亮度越高；離開後，小便斗會緩緩閉合，失去光芒。

作品一：迷惑貝殼小便斗

 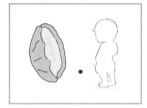 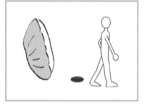

| 用手敲外殼，小便斗就會緩緩打開，散發微微光芒。 | 尿量越多，亮度越高。 | 離開後，小便斗會緩緩閉合，失去光芒。 |

▲ 圖6.14　想像趣味小便斗創作產出：迷惑貝殼小便斗

圖6.15「想像趣味小便斗創作產出：升降機器人小便斗」人性化考量男性身高和上廁所的方便性，較高的人調高小便斗，尿尿比較不會噴濺出來；較矮的人調降小便斗，尿尿較舒服。所以，機器人可掃描辨識身高，調整小便斗高度；小便斗因應身高上升或下降。

作品二：升降機器人小便斗

| 可掃描辨識身高，調整小便斗高度。 | 小便斗因應身高上升或下降。 | 升降機器人小便斗側視圖。 |

▲ 圖6.15　想像趣味小便斗創作產出：升降機器人小便斗

圖6.16「想像趣味小便斗創作產出：香香咖啡杯小便斗」讓尿尿的感覺像旋轉咖啡杯，體會轉快、轉慢是由自己來操控的樂趣。一開始朝咖啡杯尿尿，尿得越多，杯子轉得越快，尿完，杯子會開始散發出咖啡香。

作品三：香香咖啡杯小便斗

| 開始朝咖啡杯尿尿。 | 尿得越多，杯子轉得越快。 | 尿完，杯子會開始散發出咖啡香。 |

▲ 圖6.16　想像趣味小便斗創作產出：香香咖啡杯小便斗

貳　屬性列舉法創作「動物露營燈」

一、蒐集資訊確認改進對象

　　此一階段作為創作者確認目前現有值得改進創作對象的相關資料搜尋，得知，對於籐球燈、水草燈、蠟燭燈、月球燈、冰塊燈和雲朵燈，如圖6.17「動物露營燈的創意燈具搜尋」（沈翠蓮、吳宜臻，2020），是創作者關注喜愛的燈具設計，其中對於水草燈，創作者認為可以再融入新的屬性，會更有創意。

▲ 圖6.17　動物露營燈的創意燈具搜尋

二、改進對象分綱別類

創作者從具體結構性的分綱別類發想「水草燈」的分類，可以從植物、水、魚、魚缸等四個與水草燈直接相關的聯想，進行分類，如圖6.18「水草燈的分綱別類」。

▲ 圖6.18　水草燈的分綱別類

三、再創思分類的屬性

依據植物、水、魚、魚缸等四個分類，再依照名詞、動詞、形容詞對於每個類別進行創意思考，從所列舉屬性加以觀察，如圖6.19「水草燈再創思分類的屬性」。創作者所想的屬性都是與分類有邏輯關係的垂直思考內容，例如：水想到名詞：水球、冰塊、水蜜桃；動詞：洗、沖、游泳、浮潛、跳水；形容詞：濕的、涼的等都是和水有直接相關。

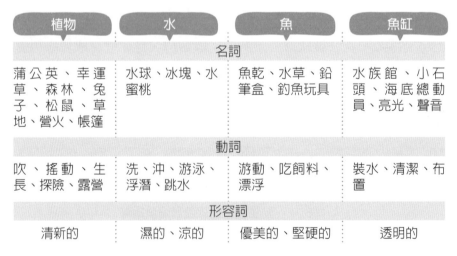

植物	水	魚	魚缸
名詞			
蒲公英、幸運草、森林、兔子、松鼠、草地、營火、帳篷	水球、冰塊、水蜜桃	魚乾、水草、鉛筆盒、釣魚玩具	水族館、小石頭、海底總動員、亮光、聲音
動詞			
吹、搖動、生長、探險、露營	洗、沖、游泳、浮潛、跳水	游動、吃飼料、漂浮	裝水、清潔、布置
形容詞			
清新的	濕的、涼的	優美的、堅硬的	透明的

▲ 圖6.19　水草燈再創思分類的屬性

四、列舉應有而未有的屬性

　　創作者在列舉應有而未有的屬性，採用單一分類多元的屬性共同列舉結合方式，來創作新的創意燈，包括結合蒲公英、兔子、松鼠、草地、森林、營火、帳篷、露營等列舉屬性的「動物露營燈」，以及其他屬性結合的「香氛蒲公英燈」、「水球上面有人跳水的跳水燈」、「像水流一樣的架子，沒有直角，然後底部放燈」等新概念燈的產生。發想過程如表6.8「水草燈列舉應有而未有的屬性」。

表6.8　水草燈列舉應有而未有的屬性

分類	屬性	應有而未有的屬性或功能
植物	N：蒲公英、兔子、松鼠、草地、營火、帳篷 V：搖動、露營 Adj：清新的	➤ 燈：蒲公英＋兔子＋松鼠＋草地＋森林＋營火＋帳篷＋露營＝動物露營燈 ➤ 燈：蒲公英＋搖動＋清新的＝香氛蒲公英燈
水	N：水球、水蜜桃 V：跳水 Adj：濕的	➤ 燈：水球＋跳水＝水球上面有人跳水的跳水燈
魚	N：釣魚玩具 V：游動、吃飼料 Adj：優美的	➤ 燈：游動的＋優美的＝像水流一樣的架子，沒有直角，然後底部放燈

五、選擇值得改善的屬性創作

　　創作者首先從多種列舉屬性創作燈具當中，選擇一個值得改善的屬性創作爲「動物露營燈」，接著依據列舉屬性概念先繪圖，再思考如何將燈置入動物露營燈當中，最後進行實作創作。整個選擇值得改善的屬性創作，如表6.9「動物露營燈創作產出」。

表6.9　動物露營燈創作產出

作品命名	作品圖示	創意設計說明
營火晚會	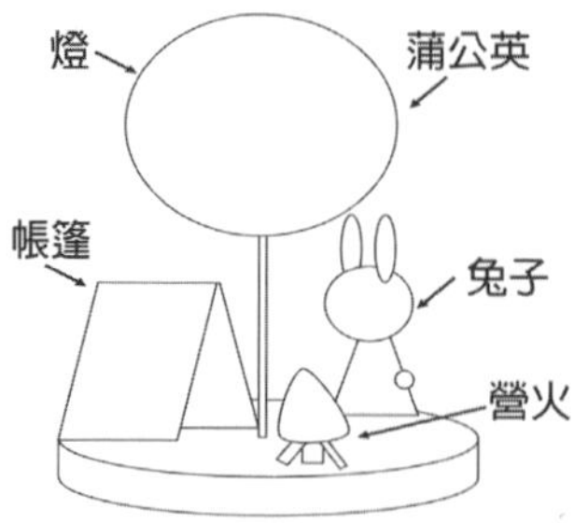	1. 燈藏在蒲公英裡面，可以用乒乓球做燈罩。 2. 燈的開關放在底盤。 3. 兔子、松鼠和營火用黏土表現造型。 4. 帳篷可以拿布搭建。 5. 木柴可以用紙做。 6. 蒲公英最外層用紙做出小花，黏在乒乓球上當作蒲公英外面那層棉絮。
實作作品圖		

參 屬性列舉法創作「烏龜花燈」

一、蒐集資訊確認改進對象

創作者蒐集目前現有值得改進創作對象的相關資料，得知，對於星球燈、雲朵燈、鹽山燈、海草燈、蘑菇燈和羽毛球燈，如圖6.20「烏龜花燈的創意燈具搜尋」（沈翠蓮、陳滋妤，2020），是創作者關注喜愛的燈具設計，其中對於蘑菇燈，創作者認為可以再融入新的屬性，會更有創意。

▲ 圖6.20　烏龜花燈的創意燈具搜尋

二、改進對象分綱別類

創作者從抽象擴散性的分綱別類發想「蘑菇燈」的分類，可以從煙、撕、疊、滿等四個與蘑菇燈並無直接相關的水平思考進行聯想、進行分類，如圖6.21「蘑菇燈的分綱別類」。

▲ 圖6.21　蘑菇燈的分綱別類

三、再創思分類的屬性

依據煙、撕、疊、滿等四個分類，再依照名詞、動詞、形容詞對於每個類別進行創意思考，從所列舉屬性加以觀察，如圖6.22「蘑菇燈再創思分類的屬性」。創作者所想的屬性都是與分類有邏輯關係的

垂直思考內容，例如：撕想到名詞：麵包、信封；動詞：裂開、分
解；形容詞：沙沙的、療癒的等都是和撕有直接相關。

煙	撕	疊	滿
名詞聯想			
火柴、木頭	麵包、信封	石頭、烏龜	水、眼淚
動詞聯想			
飄、燒柴	裂開、分解	綻放	溢出、重
形容詞聯想			
香香的、濃烈的	沙沙的、療癒的	搖晃的、密集的	飽滿的、滿足的

▲ 圖6.22　蘑菇燈再創思分類的屬性

四、列舉應有而未有的屬性

　　創作者在列舉應有而未有的屬性，採用單一分類，以二到三個列
舉屬性有意義的結合方式，來創作新的創意燈，包括結合石頭、溫
暖、密集的「堆積的石頭可以發光發熱，溫暖雙手燈」，以及其他屬
性結合的「可以自由拼湊的積木燈」、「把龜殼旋轉就可以發光的
燈」，以及結合烏龜、綻放、搖晃的「在風中搖曳像烏龜的花燈」。
發想過程如表6.10「蘑菇燈列舉應有而未有的屬性」。

表6.10　蘑菇燈列舉應有而未有的屬性

分類	屬性	應有而未有的屬性或功能
疊	N：石頭、烏龜、積木 V：綻放、溫暖、旋轉 Adj：搖晃的、密集的、有層次的	1. 石頭＋溫暖＋密集的＝堆積的石頭可以發光發熱，溫暖雙手。 2. 積木＋有層次的＝可以自由拼湊的積木燈。 3. 烏龜＋旋轉＝把龜殼旋轉就可以發光的燈。 4. 烏龜＋綻放＋搖晃的＝在風中搖曳像烏龜的花燈。

五、選擇值得改善的屬性創作

　　創作者首先從四種列舉屬性創作燈具當中，選擇一個值得改善的屬性創作為「烏龜花燈」，接著依據列舉屬性概念先繪圖，再思考如何將燈置入動物露營燈當中，最後進行實作創作。整個選擇值得改善的屬性創作，如表6.11「烏龜花燈創作產出」。

表6.11　烏龜花燈創作產出

分類	作品圖示	創意設計說明
烏龜花燈		1. 杯子蛋糕紙可以當作烏龜殼及綻放的花瓣。 2. 鐵絲纏繞電線再黏上綠色布當作是花的莖，搖搖晃晃的感覺好像被風吹拂的花朵，與悠遊散步的烏龜。 3. 整體像是從石頭裡長出來的花朵、烏龜的龜殼象徵堅忍不拔、有不凡的勇氣。
實作作品圖		

創意挖新知報導

大腦WiFi讓癱瘓猴子行走自如，十年內可用於人體

一、創意發想問題

　　脊髓損傷會阻斷大腦到身體的信號傳送，導致肢體癱瘓。脊髓損傷的治療是世界性的醫學難題，因為中樞神經系統屬於難以再生組織，一旦損傷往往終身癱瘓。科學家從三個方面開展研究，一個是設法讓損傷的脊髓自己修復；其次，是通過外骨骼，給患者建造一個能行走的自動化機械拐杖；第三，是利用人工無線信號重建大腦和脊髓的聯繫，這項技術可望在十年內用於人體試驗。這項技術是由瑞士聯邦理工學院的科學家團隊，將一個大腦WiFi植入一隻後腿受傷癱瘓的恆河猴腦中，第一次實現了靈長類動物癱瘓後的自主行走。

二、創意設計思考

　　科學家團隊在猴子的腦中植入大腦WiFi，拾取猴子的腦部信號，通過計算機解析其中控制後腿運動的信號，繞過損傷的脊髓，發送到植入腰部脊椎的電極系統，激活腿部的特定肌肉，重新構建了猴子的神經系統。由於信號是無線傳輸，接受手術的猴子無須物理治療和訓練，猴子在六天內恢復了對癱瘓腿的控制，並可以在跑步機上直線行走。這項實驗目前只是在一條腿癱瘓的恆河猴身上應用，在兩腿都癱瘓的人類身上還有更大的挑戰，下一步任務將不僅是讓癱瘓的猴子能重新行走，還要能負重、轉向並繞開障礙物。因此，恢復運動能力不單只是可以移動四肢就行，還必須考慮到平衡性、方向性等因素，實驗成功將對於脊髓損傷患者，帶來健康希望。

三、新知報導相關圖片

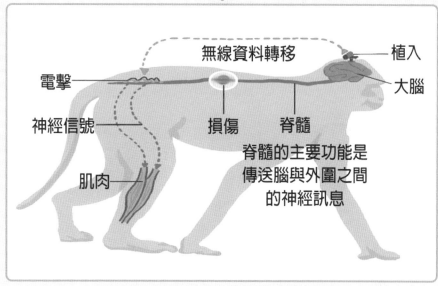

▲ 恆河猴脊髓傳送腦與外圍之間的神經訊息

四、屬性列舉和創意解題

➤ WiFi應用到人體的哪些器官或是部位，可以有什麼變化和功
能，在醫學上可以有什麼用處和限制呢？

➤ WiFi可以用於物聯網（Internet of Things, IoT），用來改造家
庭餐具使用、學校運動器材安全性、百貨公司控管人潮等嗎？

創意賣味練習題

屬性列舉法

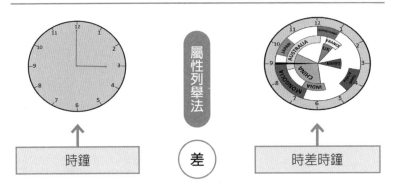

時鐘 　差　 時差時鐘

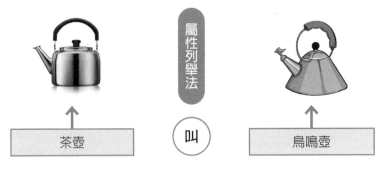

茶壺 　叫　 鳥鳴壺

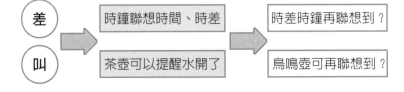

| 差 | 時鐘聯想時間、時差 | 時差時鐘再聯想到？ |
| 叫 | 茶壺可以提醒水開了 | 鳥鳴壺可再聯想到？ |

透過希望、特色和缺點列舉，找出應有而未有的屬性做創意設計

換你做做看～屬性列舉法

本章心得

第七章

型態分析法的
創思與實例

經典、驚喜
&
驚探、驚嘆

　　型態分析法（morphological analysis）是發想點子後的排列組合型態，選擇最佳型態表現作品形式的方法。只要會創意思考做好創作獨立要素和可變參數的點子，再加以精挑細選符合需求的型態，即可輕鬆獲取多種創意方案產出作品。第一節說明型態分析法的基本功法，理解型態分析的基本概念和KJ法關聯性；第二節介紹型態分析法的創作步驟和關鍵因素；第三節分享型態分析法的創作實例，認識到如何應用型態分析法創作步驟到實際創作的運用。

01 型態分析法的基本功法

請運用書中的型態分析基本形式,型態分析法和KJ法的關聯等創意技法,作創意聯想和設計思考。

02 型態分析法的創作步驟

請運用書中的選擇創作對象、設定獨立要素、列出可變參數、設計型態矩陣、選擇最佳方案和形成新觀念創作,擇要具體創作等創意技法,作創意聯想和設計思考。

03 型態分析法的創作實例

請運用書中的停車場柵欄創意設計和動漫角色創意設計,作創意聯想和設計思考。

✔ 創意挖新知報導

✔ 創意賣味練習題

可以彈鋼琴的有聲卡片 的創意啟示錄
· ·

送你一張會彈出聲音的鋼琴卡片,在掀開琴蓋的刹那間,歡樂悠揚的琴聲流瀉耳際,開啟幸福的生命旅程。把想表現的型態串聯在一起,會是很奇妙的創意!

01 屬性列舉法的基本功法

壹 型態分析法的基本概念

型態分析法（morphological technique）是原籍瑞士在美國太空總署任職的科學家I. F. Zwicky（1898-1974）所創的創意技法，他認為型態分析主要是運用科學知識的分析、綜合模式，整合出一個完整非量化型態的現象（Ritchey, 2021）。他創造參數盒（A3-parameter Zwicky Box），說明型態可從點、線、面相乘積，以及延伸多維計算的排列組合，成為整體型態概念和分布明確的分結構，改變一般排列組合僅限於數學上的應用觀點。

一、型態是系統加以區分又整合的結構方法

型態分析法的基本概念，是指「型態」、「子系統」和「結構」的區分及整合成為新矩陣型態的歷程。型態是完整性概念的總集合，型態下可以區分為各個子系統，子系統是促成型態的重要因素，一個型態由多個子系統影響，每個子系統下，由多個結構所組成，結構是子系統重要的組成分子。透過結構和結構的矩陣連結，即可串聯出新型態的產出作品。如圖7.1「型態分析基本形式」。

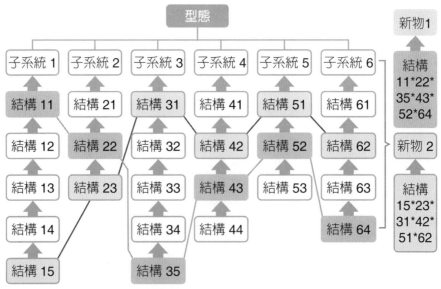

▲ 圖7.1　型態分析基本形式

例如：在噴噴平台募款的「nuboPod珍奶藍鯨吸管」（噴噴募資平台，2021），型態是「吸管」，但因為要創作符應全球將於2050年邁向「淨零碳排」願景，倡導再生能源或生質燃料將取代石化燃料，還給大自然一個生質炭循環系統，所以要創作一個「淨零碳排吸管」，以保護海洋與生態環境，從生活中減少使用一次性塑膠產品。因此在創作過程必須區分幾個吸管的子系統，這些子系統包括「吉祥物」、「顏色」、「環保材料」、「造型」、「意義」和「使用性」等，再依據這些子系統，發展各種符合子系統的結構，例如：以「象徵物」而言，包括了：北極熊、台灣黑熊、石虎、海龜、藍鯨……；顏色有向日黃、貝殼粉、藍鯨灰、薰衣紫、海龜綠、沙漠棕、北極熊白、生質炭黑等結構，透過分析組合結構，再加以配對即可產生許多創新吸管，例如：向日黃的台灣梅花鹿吸管、貝殼粉的白海豚吸管、藍鯨灰的藍鯨吸管、薰衣紫的台灣藍鵲吸管、海龜綠的海龜吸管、沙漠棕的石虎吸管、北極熊白的北極熊吸管、生質炭黑的台灣黑熊吸管，做成八款象徵動物的nuboPod珍奶藍鯨吸管。簡言之，型態是系統加以區分又整合的結構方法，型態、子系統和結構，彼此之間是多元交互作用、排列、分析和組合的結果。

二、型態是調查所有集合體關係的歸納演繹法

型態是調查所有集合體關係的歸納演繹方法，透過各種集合關係的歸納統整後，演繹出重要特徵。例如：表7.1「動漫角色的歸納演繹表」觀察動漫角色的型態構成，即可賦予角色呈現特質。

首先，先歸納所有表格內的排列組合數量；其次，列出選擇最佳角色，以表7.1觀察共有二十七種組合數量，要選擇哪幾個角色作為動漫角色，這些角色如何演繹敘事力，都需要在選擇角色時，一一思考需求的張力和描述內容的相互關係。最後，在演繹角色特質和表現時，可以先從選擇參數思考賦予表現內容和特質，結合成一體時，再次思考選擇定格在某些特定表現型態。

從演繹角色：「12魔法書」具攻擊力，只要點到魔法書的字或畫，即會變成有形的武器攻擊；演繹角色：「22驕傲」的個性常會讓人感受到嚴肅、怪癖、情緒失控、說話不實在、愛現；演繹角色：「32宅男」有時上網打怪、聊天、當駭客、批評時事、走路滑手機、偶而微笑。最後，即可依照整合角色特質表現：「宅男在網路聊天，經常說話不實在且虛構很多假訊息，而且會用魔法書中的病毒當武器攻擊他人」，即可整合角色特質表現去繪製創作這個角色的外觀和行為。

表7.1　動漫角色的歸納演繹表

獨立要素	1 武器	2 個性	3 職業
	11 巨劍	21 木訥	31 老師
可變參數	12 魔法書	22 驕傲	32 宅男
	13 鞭子	23 陰沉	33 刺客

歸納排列組合數：
3*3*3=27，共27種組合

選擇最佳角色：12魔法書
*22驕傲*32宅男

➤ 演繹角色：12魔法書具攻擊力，只要點到魔法書的字或畫，即會變成有形的武器攻擊。
➤ 演繹角色：22驕傲的個性常會讓人感受到嚴肅、怪癖、情緒失控、說話不實在、愛現。
➤ 演繹角色：32宅男有時上網打怪、聊天、當駭客、批評時事、走路滑手機、偶而微笑。
➤ 角色特質表現：宅男在網路聊天，經常說話不實在且虛構很多假訊息，而且會用魔法書中的病毒當武器攻擊他人。

三、應用參數排列組合設計領域寬廣

型態分析可以應用在各領域設計，如設計工程、製造工程、工業工程、人機工程、動漫產業、文創商品及建築設計等。當有系統的結構方法和調查所有集合體的關係，包括多維、通常非量化和複雜的問

題，再蒐集問題所有理論上可能的解答方案，尋找所有答案的重要參數，讓每一個參數的各種數值，變成所有零組件可能的實現方式。例如：圖7.2「有聲鋼琴卡片」的獨立要素和可變參數的排列組合，選擇「對象（情人）*樂器（鋼琴）*感覺（幸福）*玩（摺紙）*特效（有聲）」，這張有聲鋼琴卡片在「送給情人有鋼琴造型，收到可以玩鋼琴摺紙，會覺得很幸福的有聲卡片」的意義詮釋下，產出「有聲鋼琴卡片」的新型態卡片。

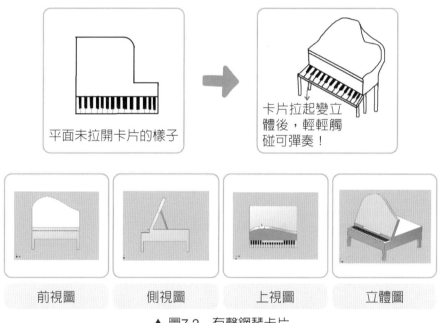

平面未拉開卡片的樣子

卡片拉起變立體後，輕輕觸碰可彈奏！

前視圖　　　側視圖　　　上視圖　　　立體圖

▲ 圖7.2　有聲鋼琴卡片

貳　型態分析法和 KJ 法的關聯

　　型態分析法和KJ法在方法的使用分析、綜合和排列組合方式有些相似。KJ法是日本的川喜田二郎（Kawakita Jiro, 1920-2009）所發明的創意方法，川喜田二郎是一位文化人類學者，曾至尼泊爾偏鄉深入

探究民族文化問題。後來從探究問題和解決問題中，研發出科學性解題方法，後來即以他自己姓氏字首命名為KJ法。以下說明兩者關係。

一、型態分析法和KJ法都是解決方案方法

　　KJ法可以廣泛性應用在組織散漫沒目標、意見多且複雜、抓不到關鍵點，甚至沒靈感狀況的問題，透過團隊每人針對問題，腦力激盪提出多個觀點寫在卡片上，再彙整卡片區分相同議題的組別，再從大、中、小組別畫線，陳述意義找出關聯性，選擇解決問題方案的問題解決方法，如圖7.3「KJ法運作歷程」。因此，KJ法透過問、想、分、結、選、得等六個歷程，在團隊系統性引導、彙整連結思考脈絡、釐清問題脈絡的連結性等有實質助益。

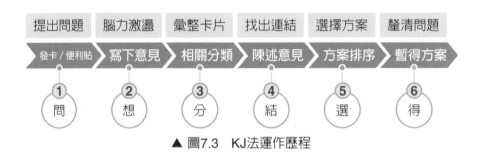

▲ 圖7.3　KJ法運作歷程

　　以發揮在地農產水果特製冰棒為例，如圖7.4「應用KJ法研發在地農產冰棒」，可以得知：

　　1. 問：即提出「研發在地農產水果特製冰棒」問題，發下便利貼。

　　2. 想：開始在便利貼上，寫下個人認為在地有哪些水果？研發特製冰棒可能面臨的問題？哪些人、事、物是最具特色的？等聯想的詞或是畫。

　　3. 分：開始收回便利貼，依據每人的卡片內容，分類成各個有意義概念的小組。

　　4. 結：由同一小組，再思考和他組之間的連結，邀請分類成同一小組的成員共同腦力激盪，對於放置在小組前面的卡片，研發在地農

產水果特製冰棒的構想，無論是冰棒的成分、製作流程、包裝、行銷等問題，都可以依照所彙整便利貼，描述腦力激盪想法。

　　5. 選：依照各組陳述「研發在地農產水果特製冰棒」構想，選擇短、中、長期最可行的方案，依照陳述結果和需求目標列出排序。

　　6. 得：依照陳述結果和需求目標列出排序，KJ法會議主持人偕同相關人員，再度釐清問題、暫得方案和所得排序方案的行動進度規劃。

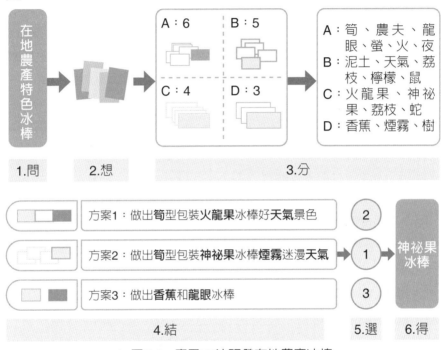

▲ 圖7.4　應用KJ法研發在地農產冰棒

　　從KJ法討論過程可以得知：拋出問題、參與討論成員、腦力激盪內容、陳述方案內容、選擇排序和共識目標等，對於最後解決問題都有相當的影響力。型態分析法使用創作歷程與KJ法的問、想、分、結、選、得相似，只是型態分析法不同於第三的彙整卡片分類和第四的找出連結陳述意見，而是由結構性強的獨立要素和可變參數延伸出

來的排列組合，也因此型態分析法的邏輯性和想像性較完整，創意思考力較為緊密。

二、型態分析法比KJ法更重視動態連結意義

事實上，型態分析法的基礎概念是相似於KJ法的基本概念，但更重視動態連結意義的創意發想，挑選有價值的構想進行排列組合，以及動態發想去推敲可能結果的可行性、新穎性、市場性和適配性。

例如：同樣利用在地農特產品，開發新穎好吃的冰棒為問題核心，型態分析法的發想，如圖7.5「應用型態分析研發在地農產冰棒」。只需要列出和冰棒有關的獨立要素，以獨立要素進行垂直和水平思考填入構想，即可經過排列組合方式，挑選適當可行的型態，進行評估。以研發在地農產冰棒為例，即可以找出下列三種方案：

第一方案：11柳丁原料×23膠囊包裝×33糖果造型×43奶味，做成的冰棒。

第二方案：11情人果原料×22包巾包裝×31筒型×41原味，做成的冰棒。

第三方案：13火龍果原料×23膠囊包裝×35口紅型×43奶味，做成的冰棒。

接著，即可針對第一、二、三方案，進行選擇最佳方案或退回重新選擇連結。在獨立要素或是可變參數發想過程，可以是個人腦力激盪，或是小組腦力激盪，最後從三種方案：柳丁原料糖果造型膠囊包裝奶味冰棒、情人果原料筒型原味包巾包裝冰棒、火龍果原料奶味口紅造型膠囊包裝冰棒，再選擇最適合商品化的在地農產冰棒。

發展在地農產特色冰棒	獨立要素	1 原料	2 包裝	3 造型	4 味道
	可變參數	11 柳丁	21 托盤	31 筒	41 原味
		12 情人果	22 包巾	32 山	42 咖啡
		13 火龍果	23 膠囊	33 糖果	43 奶味
		14 酪梨	24 盒裝	34 酒罐	44 巧克力
		15 波羅蜜		35 口紅	

1. 柳丁糖果造型膠囊包裝奶味冰棒
2. 情人果筒型原味包巾包裝冰棒
3. 火龍果奶味口紅造型膠囊包裝冰棒

| 問題 | 型態分析歷程 | 型態分析結果 |

▲ 圖7.5　應用型態分析研發在地農產冰棒

三、型態分析法科學選擇方案可隨時修正思考組合

　　型態分析法和KJ法都是解決問題的好方法，只是型態分析法可以更彈性地因爲個人或小組需求，進行自我或小組的腦力激盪，或是兩者並用分合完成。而且，應用型態分析法最後做出來的組合，如果感覺和當初腦力激盪結果有所出入，個人或小組隨時都可以修正思考組合，可以客觀印證創意思維和設計成果的型態差異性，進行調整參數，甚至是獨立要素。

　　例如：圖7.6「應用型態分析設計人物角色」，由作者帶領學生應用型態分析法，共同討論創作人物角色。首先，全班學生一起腦力激盪討論決定獨立要素，包括：「頭」、「動作」、「表情」、「角色」等獨立要素。接著，再請各組學生將點子寫在便利貼上，貼到黑板獨立要素爲頭、動作、表情、角色的可變參數欄位。例如：獨立要素「頭」的可變參數有電腦頭、筍子頭、獅子頭、兔子頭、呆頭鵝……；獨立要素「動作」的可變參數有呆萌衝、酷炫飛、扛大刀、溜滑輪……，獨立要素「表情」的可變參數有刀疤酷、張牙舞爪、肅穆莊重……，獨立要素「角色」的可變參數有盜賊頭目、運動選手、牧師、蜘蛛人……。依此類推，再由學生上台依序選擇喜愛的各個可

變參數後，回到小組腦力激盪，組合成為一個自己心目中的動漫角色型態，創作繪圖。例如：邱譯葶創作的大刀牧師、葉冠旻創作的電腦飛輪王、吳冠霆創作的展翅疤哥，都是可變參數的想像變化組合而成的創作。簡言之，型態分析法是可以很科學選擇心中理想的可變參數來形成矩陣方案，也可以隨時修正創意思考組合創作。

邱譯葶／大刀牧師　　葉冠旻／電腦飛輪王　　吳冠霆／展翅疤哥

▲ 圖7.6　應用型態分析設計人物角色

02 型態分析法的創作步驟

壹 創作步驟

型態通常是指表現形式樣態。依據Zwicky所創型態分析原理，是運用科學知識在常用分析、綜合模式而言。型態分析法一般可以區分為下列幾個創作步驟。

一、選擇創作對象

創作對象可以是產品設計或是解決策略。

產品設計需要在影響產品的因素中，進行許多因素的思考、分析和整合，才能創作新的表現形式作品，例如：創作燈可以變成新型態的鋼琴燈，可以應用型態分析創作。解決策略無論是在哪一個領域，同樣需要對於許多因素加以思考、分析和整合，才能做出價值性高的解決策略。例如：餐廳要創造新的集客力策略，可以應用型態分析法的解決問題。

二、設定獨立要素

一般而言，針對創作對象設定三到七個獨立要素，作為建構型態的基礎。

設定型態的獨立要素，可以是和創作對象有直接相關的垂直思考，無直接相關的水平思考，或是綜合垂直思考和水平思考兩者，作為獨立要素。

例如：以創作「燈」為例，如圖7.7「燈的垂直思考獨立要素」，即以和燈有直接相關的燈罩、燈光和燈座等垂直思考，作為獨立要素；圖7.8「燈的水平思考獨立要素」，即以和燈沒有直接相關的雨、正義、夏天和玩等水平思考，作為獨立要素；圖7.9「燈的垂直和水平思考獨立要素」，則以包括垂直思考和水平思考的燈罩、玩、天氣，作為獨立要素。無論是垂直思考或是水平思考，所陳述的獨立要素關鍵詞，都可以作為燈的建構型態基礎，表現有代表性和影響力的關鍵型態。

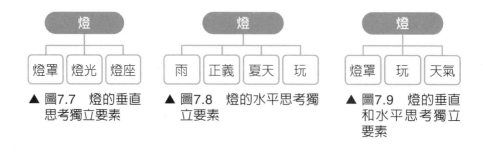

▲ 圖7.7　燈的垂直思考獨立要素

▲ 圖7.8　燈的水平思考獨立要素

▲ 圖7.9　燈的垂直和水平思考獨立要素

　　若是創作對象是解決策略，亦可以垂直思考、水平思考或兩者兼用，進行設定獨立要素。如圖7.10「就醫的垂直思考獨立要素」，即是以垂直思考和就醫有直接相關的醫院、醫評、交通和專長，作為獨立要素。圖7.11「嘉年華會的垂直和水平思考獨立要素」，即是以垂直思考的服裝和玩、水平思考的環保和交通，作為獨立要素。

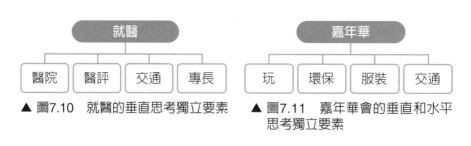

▲ 圖7.10　就醫的垂直思考獨立要素

▲ 圖7.11　嘉年華會的垂直和水平思考獨立要素

三、列出可變參數

　　獨立要素下的可變參數，可以不設限地把腦力激盪出的點子完全列出，可以是有直接相關聚斂焦點的垂直思考，也可以是無直接相關擴散構想的水平思考。只要是經過創意思考的點子，即可一一列出，如表7.2「燈的可變參數聯想」，許多是聚斂焦點的垂直思考和擴散構想的水平思考，共構的聯想點子；表7.3「就醫的可變參數聯想」是具體解決就醫問題的策略目標，以垂直思考聯想點子居多。

表7.2 燈的可變參數聯想

創作物	燈			
獨立要素	1 雨	2 正義	3 夏天	4 玩
可變參數	11 西北雨	21 翻臉	31 熱風	41 摺紙
	12 梅雨	22 FB	32 比基尼	42 溜滑梯
	13 人造雨	23 APP	33 電費	43 圍棋
	14 科技業	24 打官司	34 冰淇淋	44 大富翁
	15 水庫	25 抗議活動	35 海泳	45 跳傘

表7.3 就醫的可變參數聯想

創作物	就醫			
獨立要素	1 醫院	2 醫評	3 交通	4 專長
可變參數	11 醫學中心	21 自評星級	31 巡迴車免費	41 門診說明
	12 區域醫院	22 網路好評	32 自行前往	42 精確判讀
	13 地區醫院	23 鄰居推薦	33 收據折抵	43 手術
	14 診所	24 百大良醫	34 專車接送	44 態度親切
	15 衛生所	25 免掛號費		45 用藥正確

四、設計型態矩陣

依據表7.2「燈的可變參數聯想」觀察，是許多聚斂焦點的垂直思考和擴散想法的水平思考共構的聯想點子，獨立要素包括：1.雨、2.正義、3.夏天、4.玩等，依次各產生五個點子，所以整個型態矩陣的排列組合，共有5×5×5×5＝625個組合型態。

（一）1雨：11西北雨、12梅雨、13人造雨、14科技業、15水庫等五個點子。

（二）2正義：21翻臉、22FB、23APP、24打官司、25抗議活動等五個點子。

（三）3夏天：31熱風、32比基尼、33電費、34冰淇淋、35海泳等五個點子。

（四）4玩：41摺紙、42溜滑梯、43圍棋、44大富翁、45跳傘等五個點子。

例如：要做燈的設計，可以是「11西北雨×23APP×34冰淇淋×44大富翁」，所組合的創意型態矩陣；做燈的設計，也可以是「15水庫×23APP×32比基尼×43圍棋」，所組合的創意型態矩陣。任何所要設計的型態矩陣，在排列組合的選取過程時，小組團隊成員或是個人腦力激盪時，都可以依照自己想像中的詞彙意義或畫面形象，去思考如何做出創意燈具的想像型態，而非無意義的排列組合。因此，說服消費者或使用者在購買使用時，能夠感受到創意燈具的意義，才具有創意性、使用性、新穎性、想像性和市場性。簡言之，如此才有商品化的價值。

台灣品牌QisDESIGN燈飾品牌，結合科技與設計、理性與感性，用想像力創造新形象燈具，超乎轉彎看得見的驚奇感，打破燈具永遠只有照亮的單一要素，創造人性深處對於許多感覺的渴望和盼望，讓生活見聞變成有感的燈具，讓人感到「雖然，它很貴；幸好，還可以用錢買得到」的渴望。QisDESIGN燈飾品牌著名的鋼琴燈、珊瑚燈、水母燈和樂高燈，即是把獨立要素下的參數連結作組合，進行多層次的創意性、使用性、新穎性、想像性和市場性LED燈考量，忠於創意點子排列組合，進行具商品化價值發想和創作。

五、選擇最佳方案

選擇最佳方案是創作物產出的最接近選擇點，因此，需要考量到許多不同因素，例如：現況：現有人力、物力、財力、設備等資源；隱性知識：創作團隊可以發展的資訊科技、人脈經驗和萃取智慧能量；顯性知識：創作物涉獵的傳統技術和新興科技關聯性，研發第一代、第二代等程序，市場需求的自我評鑑和外部評鑑結果為何等因素，以尋求最佳方案。

例如：以表7.2「燈的可變參數聯想」，在此一階段，應該有下列程序做評估。

（一）思考每個可變參數的意義概念

在列出可變參數時，通常只是多利用視覺、聽覺、味覺、嗅覺和觸覺等感覺，進行當下感覺或過去經驗所寫下的點子，但是在選擇最佳方案時，應該再次後設認知地思考（多次反思），每個詞彙代表的表層和深層意義是什麼？可能有哪些人、事、物、境或背景原因有影響力？例如：表7.4「燈可變參數的字彙意義再認知」，即可以加以推敲和燈作連結型態，可能有哪些作用？以「23APP」而言，字彙意義再認知「燈」和「APP」的應用關係，可以是：燈可連結專屬APP？APP通知使用者有關燈的資訊？燈可以偵測眼睛保健需求？燈APP告知眼睛休息資訊？等這些可變參數的概念，可以發展為設計創意燈具的參考意見。

表7.4　燈可變參數的字彙意義再認知

獨立要素	可變參數	字彙意義再認知
2 正義	21 翻臉	燈可以一翻兩瞪眼設計？翻臉與和好設計在燈座？燈會提醒該休息的翻臉時間？燈會表現正義的眼神？
	22 FB	燈可以在FB行銷販售？燈可以在FB成立粉絲團？燈在FB有好友分享訊息？
	23 APP	燈可連結專屬APP？APP通知使用者有關燈的資訊？燈可以偵測眼睛保健需求？燈APP告知眼睛休息資訊？
	24 打官司	燈可以傳遞文件？燈可以呈現生氣要維修？燈可以玩打官司遊戲？
	25 抗議活動	燈可以依照使用時間呈現階段性抗議？燈像人一樣有情緒？

（二）連結每個可變參數型態的整體意義

完成思考每個可變參數的概念，連結每個可變參數型態的意義，接著應對於連結每個可變參數型態的整體意義做整合。例如：若是方案之一是：「15水庫×23APP×32比基尼×43圍棋」，以這四個概念

發展成為一盞燈，整合連結每個可變參數型態的整體意義，如表7.5「燈連結每個可變參數型態的整體意義」，可以從搜尋圖像、理解詞彙原意，再由字彙意義再認知，選擇做最有意義的應用意義在燈的設計，完成整合燈的應用設計。

表7.5　燈連結每個可變參數型態的整體意義

可變參數	原來意義	燈的應用意義	整合燈的應用設計
15 水庫	蓄水	燈像水庫可以有儲蓄能源作用，可充電和轉換自助給電。	1. 可接線充電和自助給電
23 APP	應用軟體	燈可以連結APP察知訊息。	2. 有APP連結
32 比基尼	性感泳衣	燈座可以設計成性感泳衣開關。	3. 性感泳衣開關
43 圍棋	黑白圓子	燈罩可以設計為大小黑白圍棋圓子，多盞小燈彙整成燈。	4. 大小黑白圍棋圓子，多盞小燈彙整成燈

（三）陳列選擇方案，評比最佳方案

透過思考每個可變參數的意義概念，以及連結每個可變參數型態的整體意義之後，即由小組團隊或個人推薦最佳選擇二至五個方案，依據需求目標訂定評估規準，評比最佳方案確定排序。例如：依照表7.6「燈排列組合連結選擇最佳方案」，共有三個方案。

表7.6　燈排列組合連結選擇最佳方案

創作物	燈			
獨立要素	1 雨	2 正義	3 夏天	4 玩
可變參數	11 西北雨	21 翻臉	31 熱風	41 摺紙
	12 梅雨	22 FB	32 比基尼	42 溜滑梯
	13 人造雨	23 APP	33 電費	43 圍棋
	14 科技業	24 打官司	34 冰淇淋	44 大富翁
	15 水庫	25 抗議活動	35 海泳	45 跳傘

方案一：燈＝11西北雨×23APP×34冰淇淋×44大富翁；方案二：燈＝15水庫×23APP×32比基尼×43圍棋；方案三：13人造雨×21翻臉×33電費×42溜滑梯。即可針對三者在「整合燈的應用設計」，依據評估規準，觀察哪一方案對於燈的創意發想是最可行的方案，如圖7.12「燈陳列選擇方案評比最佳方案」。

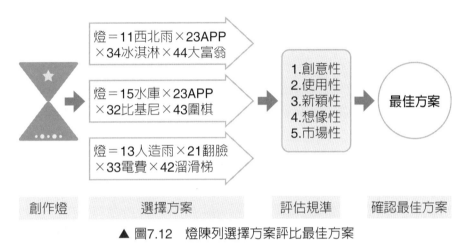

燈＝11西北雨×23APP
×34冰淇淋×44大富翁

燈＝15水庫×23APP
×32比基尼×43圍棋

燈＝13人造雨×21翻臉
×33電費×42溜滑梯

1.創意性
2.使用性
3.新穎性
4.想像性
5.市場性

最佳方案

創作燈　　　　選擇方案　　　　　評估規準　　　確認最佳方案

▲ 圖7.12　燈陳列選擇方案評比最佳方案

六、形成新觀念創作，擇要具體創作

　　經由評估方案各種創意性、使用性、新穎性、想像性、市場性等規準之外，探索現有產品重複性、修改性、突破性、接受性和實踐性等實際面的問題，也非常重要。唯有不斷修正確認、再修正確認到最後定稿，才完成新觀念的創作。

　　新觀念的創作除了觀念之外，最重要是具體可行實踐面向，呈現圖稿、材料、生產方式、結構機能、定位價格、專利檢索申請、行銷包裝等，以及和廠商、客戶溝通歷程產出樣品、市調、回饋意見等，到確定產品商品化為止。

一、產品相關資訊檢索

產品相關資訊檢索，可以是專利檢索、Kickstarter或嘖嘖平台等募資平台，以及網際網路網站檢索，可以提供創意點延伸型態的完成，亦可以避免產品和他人產品發生專利侵權的疑慮。例如：在嘖嘖募資平台公開募資的「Meteo流光學習鋼琴」，原定募資50萬元，竟募得25,436,300元，獲得近5,087%的募資贊同者的投資。「Meteo流光學習鋼琴」主要訴求是透過轉輪流光在琴鍵上，配合曲調，讓學習者「跟著流光按琴鍵」可以練習完整曲目，讓不會彈鋼琴者也能輕鬆演奏跨世代鋼琴名曲（嘖嘖平台，2020）。

在這個產品檢索過程可以了解到，它把科技、樂器、APP和玩作為獨立要素，選取科技的「流光」、樂器的「鋼琴」、APP 的「曲目練習」、玩的「遊戲」等，流光×鋼琴×APP×遊戲等四個可變參數，作為「Meteo流光學習鋼琴」的設計主軸。檢索之後，此一「跟著流光按琴鍵」的鋼琴創作品，也可以轉移到「跟著流光彈吉他」的吉他創作，如圖7.13「跟著流光按琴鍵變成跟著流光彈吉他」。

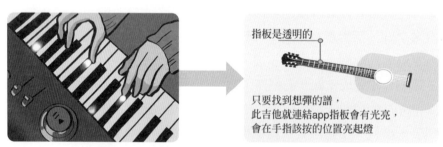

指板是透明的

只要找到想彈的譜，
此吉他就連結app指板會有光亮，
會在手指該按的位置亮起燈

▲ 圖7.13　跟著流光按琴鍵變成跟著流光彈吉他

二、多用感覺發揮創意思考

　　許多的點子需要即時表達，對不少人而言是相當不易的，特別是創造許多可變參數，有時需要邏輯理性思維，有時需要無厘頭擴散思維，對於不常接受創意訓練的人，短時間要寫出或是畫出那麼多點子，可以多利用感覺發揮創意思考，把時間（當下、一週、一年、多年前……）、空間（高中、小學、百貨公司、廁所、山上、海邊……）、事件（結婚、告別式、住院、看電影、生日、旅行……）的視覺、觸覺、味覺、嗅覺、聽覺等五感，作為發想基礎，很多的點子就會源源不斷產生。

三、熟練型態分析步驟

　　型態分析最後型態的表現形式，是否具有創意性、使用性、新穎性、想像性和市場性，其實和型態分析的每個步驟是息息相關，從創作物、列出獨立要素、可變參數、設計型態矩陣選擇最佳方案，以及形成新觀念具體創作，如能從獨立要素和可變參數來發揮創意思考，那麼在設計型態矩陣選擇最佳方案時，每個連結自然有許多不可思議的串聯，最後，在形成新觀念具體創作時就有精彩過人之處。

　　例如：如果以獨立要素是「重量」、「尺寸」或是「顏色」這種顯而易見，已經標準化的要素，可變參數如果是「重量：公噸、公斤、公克」、「尺寸：大、中、小」、「顏色：紅、藍、白、黑、黃、綠」，到最後排列組合時，很容易讓排列組合到形成新觀念時，和現有產品相似。如果將可變參數改為「重量：大象、老虎、白兔、螞蟻」、「尺寸：台北101、高鐵列車、遊覽車、摩托車」、「顏色：紅西瓜、紫葡萄、黑李子、綠蘋果」等具體又有想像性的點子，在排列組合轉移到創作物上，即可以有更多的故事力和創新力。

03 型態分析法的創作實例

以下應用型態分析法創作步驟，創意設計「停車場柵欄創意設計」和「動漫角色創意設計：童子切安綱」。

 壹 停車場柵欄創意設計

一、創作對象

創作對象為停車場柵欄創意設計，提醒駕駛人小心駕駛進入停車場。

二、設定獨立要素

設定獨立要素包括「告知資訊」、「停車位置」、「柵欄造型」、「意義」和「特效」等五個要素，以建構停車場柵欄可以告知駛入時間，柵欄可以在升降之間扮演應有特質，讓進入停車場感覺很有意義，願意遵守停車場規則，柵欄有著不同色彩光環，建立正向的停車場入口意象。

三、列出可變參數

以下依據獨立要素發想可變參數，如表7.7「停車場柵欄的可變參數」，由於停車場柵欄的創意設計，期待呈現即時正確資訊，在駛入時，讓駕駛人快速找到車位，駛離時，讓駕駛人覺得很開心，以及覺得停車場是很有人性化設計。所以在列舉參數的垂直和水平思維，要多從使用者立場進行構想規劃。

表7.7　停車場柵欄的可變參數

要素1-告知資訊	要素2-停車位置	要素3-柵欄造型	要素4-意義	要素5-特效
參數11 天氣	參數21 方向	參數31 指揮棒	參數41 守法	參數51 有光射
參數12 車費	參數22 數字	參數32 方向盤	參數42 快樂	參數52 有聲音
參數13 時間	參數23 語音	參數33 UFO	參數43 有學問	參數53 打招呼
參數14 溫度	參數24 投影	參數34 魚	參數44 簡單	參數54 會撒嬌
參數15 車牌	參數25	參數35 雙頭雞	參數45 送禮券	參數55 有樂透
參數16	參數26	參數36	參數46	參數56 有笑話

四、設計型態矩陣

（一）矩陣總數，共有3,000個構想點子，計算方式：5×4×5×5×6＝3,000點子。

（二）連接型態矩陣：如表7.8「停車場柵欄的型態矩陣」所示，共有三個矩陣型態。

（三）列出型態方案：共選擇三個方案，參數編號和參數名稱如下：

　　1. 方案一：11天氣×24投影×35雙頭雞×41守法×54會撒嬌。

　　2. 方案二：15車牌×22數字×31指揮棒×43有學問×51有光射。

　　3. 方案三：12時間×23語音×34魚×42快樂×53打招呼。

　　依照設計型態矩陣，方案一、二、三的矩陣排列組合，如表7.8「停車場柵欄的型態矩陣」。

表7.8　停車場柵欄的型態矩陣

要素1-告知資訊	要素2-停車位置	要素3-柵欄造型	要素4-意義	要素5-特效
參數11 天氣	參數21 方向	參數31 指揮棒	參數41 守法	參數51 有光射
參數12 時間	參數22 數字	參數32 方向盤	參數42 快樂	參數52 有聲音
參數13 車費	參數23 語音	參數33 UFO	參數43 有學問	參數53 打招呼
參數14 溫度	參數24 投影	參數34 魚	參數44 簡單	參數54 會撒嬌
參數15 車牌	參數25	參數35 雙頭雞	參數45 送禮券	參數55 有樂透
參數16	參數26	參數36	參數46	參數56 有笑話

五、選擇最佳方案

（一）選擇方案：方案二和方案三作為最佳方案。

　　1. 方案二：15車牌×22數字×31指揮棒×43有學問×51有光射，作為駛入停車場設計。

2. 方案三：12時間×23語音×34魚×42快樂×53打招呼，作爲駛離
場設計。

（二）方案設計：如表7.9「停車場柵欄的最佳方案構想設計」所示。

表7.9　停車場柵欄的最佳方案構想設計

汽車駛入設計創意構想		
要素	**參數**	**作法構想**
1 告知資訊	15 車牌	汽車駛入，掃描車牌，柵欄支柱即標示車牌號碼和駛入時間。
2 停車位置	22 數字	汽車駛入，即將停車場停車位置數字，投影在擋風玻璃，例如：A38，停車位在A區38號。
3 柵欄造型	31 指揮棒	柵欄像手持指揮棒，指揮起落之間引導出入。
4 意義	43 有學問	柵欄設計讓駕駛人覺得是以客爲尊的設計，是有學問的停車場。
5 特效	51 有光射	柵欄上會因應光線有光影射出，讓駕駛人明白柵欄所在，不會誤撞柵欄。
汽車駛離設計創意構想		
要素	**參數**	**作法構想**
1 告知資訊	12 時間	汽車駛離，掃描車牌，柵欄支柱即標示車牌號碼和駛離時間。
2 停車位置	23 語音	汽車駛離，語音播放繳費金額，可以感應卡繳費或到超商繳費。
3 柵欄造型	34 魚	汽車駛離，柵欄像一條魚，魚尾有光會自動開合。
4 意義	42 快樂	汽車駛離，柵欄光影上會跑出如魚得水的快樂情境。
5 特效	53 打招呼	汽車駛離，柵欄會有聲音說：「謝謝光臨，歡迎再度蒞臨」，同時顯現字體在魚尾巴。

六、形成新觀念具體創作

（一）作品名稱：虔誠指揮前程柵欄和如魚得水柵欄。

（二）創意特色

    1. 入口意象：清楚明確用手持指揮棒，告知駛入時間，辨識車牌並引導前往停車位。

    2. 出口意象：真心感謝停車，加入魚的元素，創造快樂如魚得水的豐富性。

    3. 簡約有學問：讓駕駛人停車必備的資訊公開透明，有意義地創造各種聲光傳遞真摯情感。

（三）具體創作：如圖7.14「虔誠指揮前程柵欄和如魚得水柵欄具體創作」。

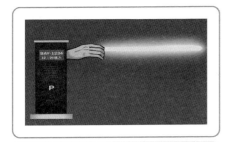
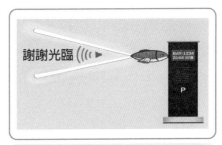

虔誠指揮前程駛入柵欄圖　　　　　　如魚得水駛離柵欄圖

▲ 圖7.14　虔誠指揮前程柵欄和如魚得水柵欄具體創作

貳　動漫角色創意設計：童子切安綱

一、創作對象

（一）動漫角色：童子切安綱。

（二）角色說明：童子切是一把日本國寶名刀，目前安置於東京國立博物館。命名為童子切由來是日本武士源賴光，用這把刀殺死

了食人妖怪酒吞童子。日本民間一般認爲此刀是刀工大原安綱所製，因此，童子切會加上安綱作爲「童子切安綱」稱謂。創作者想要創造動漫故事角色童子切安綱的各種表情，以及角色揮舞刀的衣飾、刀向、眼神。

二、設定獨立要素

童子切安綱動漫角色呈現獨立要素，包括：服飾、刀向、眼神、姿勢、髮型等五個要素，由於這是日本非常有名的歷史傳說，童子切又是日本天下五劍之一，豐臣秀吉、德川家康等名將曾使用過，有其武器神劍的歷史地位，目前雖有怪物彈珠關卡動漫角色繪圖，作者指導學生雲歆詝創作，想繪圖創作出童子切安綱的新形象。

三、列出可變參數

以服飾、刀向、眼神、姿勢、髮型等五個獨立要素，個別發想可變參數，如表7.10「童子切安綱動漫角色的可變參數」。

表7.10　童子切安綱動漫角色的可變參數

要素1- 服飾	要素2-刀向	要素3-眼神	要素4- 姿勢	要素5-髮型
參數11 紳士風	參數21 揹太刀	參數31 驚奇	參數41 行走	參數51 側翻型
參數12 武士風	參數22 狠出鞘	參數32 冷血	參數42 跨式	參數52 捲髮型
參數13 禪修風	參數23 藏刀鋒	參數33 殺氣	參數43 跳躍	參數53 禿頭型
參數14 卡通風	參數24 直刀出	參數34 開心	參數44 翻滾	參數54 馬尾型
參數15 時尚風	參數25 合魔法	參數35 和氣	參數45 踢腿	參數55 鳥巢型
參數16 淑女風	參數26	參數36 自信	參數46	參數56 風吹型

四、設計型態矩陣

（一）矩陣總數，共有5,400個構想點子，計算方式：6×5×6×5×6＝5,400點子。

（二）連接型態矩陣：如表7.11「童子切安綱動漫角色的型態矩陣」所示，共有四個矩陣型態。

（三）列出型態方案：從參數排列組合型態，共選擇四個方案，參數
　　　編號和參數名稱如下：
　　　1. 方案一：11紳士型×21揹太刀×36自信×41行走×55鳥巢型。
　　　2. 方案二：14卡通風×22狠出鞘×34開心×43跳躍×51側翻型。
　　　3. 方案三：16淑女風×25合魔法×31驚奇×45踢腿×56風吹型。
　　　4. 方案四：13禪修風×21揹太刀×32冷血×42跨式×53禿頭型。

表7.11　童子切安綱動漫角色的型態矩陣

要素1- 服飾	要素2-刀向	要素3-眼神	要素4- 姿勢	要素5-髮型
參數11 紳士風	參數21 揹太刀	參數31 驚奇	參數41 行走	參數51 側翻型
參數12 武士風	參數22 狠出鞘	參數32 冷血	參數42 跨式	參數52 捲髮型
參數13 禪修風	參數23 藏刀鋒	參數33 殺氣	參數43 跳躍	參數53 禿頭型
參數14 卡通風	參數24 直刀出	參數34 開心	參數44 翻滾	參數54 馬尾型
參數15 時尚風	參數25 合魔法	參數35 和氣	參數45 踢腿	參數55 鳥巢型
參數16 淑女風	參數26	參數36 自信	參數46	參數56 風吹型

五、選擇最佳方案

（一）選擇方案：方案一、方案二和方案三，作為最佳方案。
　　　1. 方案一：11紳士型×21揹太刀×36自信×41行走×55鳥巢型。
　　　2. 方案二：14卡通風×22狠出鞘×34開心×43跳躍×51側翻型。
　　　3. 方案三：16淑女風×25合魔法×31驚奇×45踢腿×56風吹型。
（二）方案設計：如表7.12「童子切安綱動漫角色的最佳方案構想設
　　　計」所示。在進行最佳方案構想時，依照要素、參數和作法構想
　　　一一進行創作主題的想像設計。童子切安綱動漫角色的型態，例
　　　如：在「1服飾要素」的「11紳士風參數」，可以如何設計在童
　　　子切安綱動漫的白襯衫、披肩、衣褲、配飾和靴子都乾淨、有條
　　　不紊。其他要素、參數和作法構想，依此原則進行構思。

表7.12 童子切安綱動漫角色的最佳方案構想設計

要素	參數	作法構想
1 服飾	11 紳士風	白襯衫、披肩、衣褲、配飾和靴子都乾淨、有條不紊。
2 刀向	21 揹太刀	右腰配揹一把太刀，左腰綁著一把短刀。
3 眼神	36 自信	眼神泰若自然，充滿自信。
4 姿勢	41 行走	行走時，和一般人不一樣的步伐。
5 髮型	55 鳥巢型	頭髮像鳥巢倒蓋腦際。

要素	參數	作法構想
1 服飾	14 卡通風	白襯衫、披肩、衣褲、配飾和靴子，顯現活靈活現的卡通樣式。
2 刀向	22 狠出鞘	常出奇不易發覺，就會擺出刺殺狠出鞘的動作。
3 眼神	34 開心	眼神流露出用刀後的開心樣子。
4 姿勢	43 跳躍	經常像個小孩一樣跳躍走路。
5 髮型	51 側翻型	頭髮是喜歡往單側邊一翻，讓人感到有點不協調的感覺。

要素	參數	作法構想
1 服飾	16 淑女風	白襯衫、披風、靴子和衣裙呈現像淑女一樣規矩、不凌亂、端莊和賢淑。
2 刀向	25 合魔法	配著童子切刀不須手揮動，即可用念力魔法出刀。
3 眼神	31 驚奇	雖然穿著像淑女，但臉上就是不協調地常出現驚奇的樣子。
4 姿勢	45 踢腿	喜歡踢腿，但腿卻很短，踢不高。
5 髮型	56 風吹型	頭髮喜歡請設計師幫她吹成風正在吹著頭髮的樣式。

六、形成新觀念具體創作

（一）角色名稱：信童子切安綱、狠童子切安綱和魔童子切安綱。

（二）創意特色

　　1. 信童子切安綱：雖然一表人才充滿自信，卻是讓人看到配雙刀、步伐奇特，使用童子切刀隨時讓人窒息無力招架，是個自信偽君子的武士。

　　2 狠童子切安綱：感覺上外表、作風和神情都像個孩子般的天眞，但童子切刀出鞘卻又狠又快，是個天眞無腦深思的武士。。

　　3 魔童子切安綱：外表服飾走淑女風讓人感覺很守規矩，但因爲腿短踢腿踢不高而動作不協調，臉上表情又常驚奇的樣子，只能練就魔法使出童子切刀，是個藏心機雙面人的女武士。。

（三）具體創作：如圖7.15「童子切安綱動漫角色的具體創作」。最後童子切安綱動漫角色的繪圖創作，即是依照動漫角色的最佳方案構想設計，以及想要表現的創意特色，進行繪圖創作（沈翠蓮、雲歆詅，2020）。

| 信童子切安綱 | 狠童子切安綱 | 魔童子切安綱 |

▲ 圖7.15　童子切安綱動漫角色的具體創作

創意挖新知報導

空氣車

一、創意發想問題

　　空氣汽車發明者尼可拉（Guy Negre）原本是F1賽車引擎設計師，空氣車的設計概念，是認為空氣引擎原理和氣墊船、水中呼吸器的原理差不多，都是靠著氣體的壓縮與膨脹，來產生動力。事實上，1920年代時已有空氣車的原型，當時將壓縮空氣應用於魚雷推進。空氣汽車空氣鋼瓶內的空氣，被300倍的大氣壓緊緊壓縮著，加熱鋼瓶後，氣缸中的壓縮空氣就會流進活塞引擎氣缸，帶動活塞運動，進而推動車輛前進。空氣汽車產生動力的過程都沒有任何燃燒發生，因此不會有任何汙染，甚至從排氣管中排出來的空氣，必先經過一個空氣過濾器，所以排放出來時，還比周圍其他的空氣更清新。空氣車，不燒油、不費電和賣價低，成為永續環境的代步車。

二、創意設計思考

　　空氣車全稱為壓縮空氣車（compressed-air car），可以只透過空氣驅動，也可以和汽油燃料混和驅動，或是和再生制動技術相搭配。從外形上看，空氣車的車身以玻璃纖維製成，因此重量很輕。車長2.13公尺，重量只有275公斤，有3個車輪，總共能坐3個人，這輛車沒有方向盤，駕駛需要從車的正前方進入，用搖桿操作。印度的塔塔（TATA）集團表示，這款車命名為Air Pod主要朝向歐洲市場，用於汽車共享和企業車隊領域投放，價格約7,500歐元。空氣車時速最高能到150公里，從台北開到新竹100公里的路程，成本只要新台幣

47元。每一個壓縮空氣鋼瓶，大約能讓車子跑300公里，「駕駛人可以隨時在車上多放個裝滿的空氣鋼瓶」，以備不時之需。

三、新知報導相關圖片

空氣車外觀　　　　　　　　空氣車壓縮空氣鋼瓶驅動原理

四、屬性列舉和創意解題

➤ 空氣車車體結構類似什麼生物造型呢？空氣車概念結構可以再昇華處理為更完整概念嗎？

➤ 空氣車靠壓縮空氣鋼瓶驅動車子的動力，如何更快速且安全地更換鋼瓶呢？

➤ 影響空氣車的主要因素和可變參數為何呢？在排列組合過程的新方案中，可以如何更有效融入更改新的參數，做更創意的改變呢？

創意賣味練習題

型態分析法

一般高跟鞋　　美　　台北101高跟鞋

型態分析法

♪♪♪ ♪♪ ♪♪ ♪♪♪ ♪♪ ♪♪ ♪♪ ♪♪ ♪♪♪ ♪♪ ♪♪ ♪♪♪

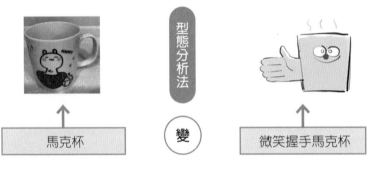

馬克杯　　變　　微笑握手馬克杯

型態分析法

♪♪♪ ♪♪ ♪♪ ♪♪♪ ♪♪ ♪♪ ♪♪ ♪♪ ♪♪♪ ♪♪ ♪♪ ♪♪♪

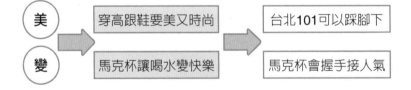

| 美 | 穿高跟鞋要美又時尚 | 台北101可以踩腳下 |
| 變 | 馬克杯讓喝水變快樂 | 馬克杯會握手接人氣 |

獨立要素、可變參數、排列組合和最佳方案，具體創作創意型態

換你做做看～型態分析法

第八章

NM類比法的
創思與實例

經典、驚喜
&
驚探、驚嘆

NM類比法是應用類比移植，開發創新想像產品的創意技法，透過類比找到移植類比概念應用到原物，就可開發新產品。創始人中山正和（Nakayama Masakazu）先生認為將觀察到的現象進行類比發想，類比發想結果應用到新創產品或服務策略的開發，即可形成全新想像創作。本章第一節敘述類比法的基本功法，奠定應用NM類比法的基礎；第二節指出NM類比法的基本概念，理解中山正和先生創發的類比類型和理念；第三節介紹NM類比法的創作步驟，實際示範操作如何應用NM類比法，移植到新產品開發歷程；第四部分NM類比法的創作實例，舉實例依照創作步驟，說明新產品的實際開發運作。

01 類比法的基本功法

請運用書中類比法的主要類型：直接類比、擬人類比、矛盾類比、幻想類比等創意技法，作創意聯想和設計思考。

02 NM類比法的基本概念和應用設計

請運用書中的NM類比法構想發展概念圖，和TASHD五種類比類型組合等創意技法，作創意聯想和設計思考。

03 NM類比法的創作步驟

請運用書中的KW：列出關鍵字、QA：探尋創意類比、QB：探尋創意背景、QC：探尋作品概念、QA：探尋作品行動QA等創意技法，作創意聯想和設計思考。

04 NM類比法的創作實例

請運用書中的實例一：手機殼刀、實例二：貓咪泡湯茶包等創意技法，作創意聯想和設計思考。

✓ 創意挖新知報導

✓ 創意賣味練習題

排檔鎖水龍頭 的創意啟示錄

開水龍頭可以用上、下、左、右檔，啟動大到小的水量，讓開水像開車一樣暢快。多些人、事、物、境或是形、音、義、理的類似比擬，創意背景和脈絡，原來是可以那麼容易創作！

01 類比法的基本功法

壹 類比法的例子和定義

一、似曾相似的類似比擬創意

　　每個人在每天的生活，無論是時、地、人、境、物，總會遇見許多「似曾相似」的類似感覺，而把「似曾相似」的類似感覺再發揮自己的創意，比擬應用到時、地、人、境、物的設計，這就是類比（analogy）的創意發揮。例如：圖8.1「眼珠子巧克力的類似比擬發想」，即是烘焙師傅喜愛看日本卡通鬼太郎，聯想到鬼太郎的爸爸是眼珠子，烘焙師傅就把日常做巧克力類似比擬成為卡通眼珠子的角色，做成非常熱銷的「眼珠子巧克力」。所以，當你買到「眼珠子巧克力」，就會有「似曾相似」，好像在卡通裡有看過的角色，但是現在已經變成可以吃的巧克力。

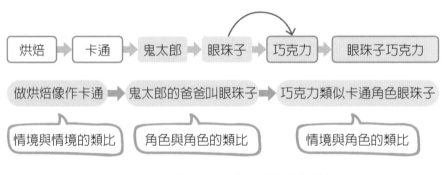

▲ 圖8.1　眼珠子巧克力的類似比擬發想

二、類似比擬的類比關係

　　類似比擬的方法可以在許多面向做兩兩相關性的連結，說明如下：

（一）關係相似性

關係和關係的相似性，通常指的是關係意義之間的轉移，產生相

關聯想的類比，例如：下面的「對話意義」關係類比，以及「符號意義」關係的類比，即可產生另類新穎的趣味。

1. 對話意義關係類比

這是有關「COVID-19疫情」對每位「神明職務」、「缺席會議原因」的對話意義關係類比，從每位神明應有職務和缺席會議原因，去探討對話意義關係的類比聯想，可以發現創意趣味和認知因果關係。例如：千手觀音和COVID-19疫情，主要在於「千手」和「勤洗手」；「八仙」和「海外歸國」；「關聖帝君」和「臉紅發燒」；「唐三藏」和「旅遊史」……類似比擬推論，所產生的對話意義關係類比。整個對話如下：

玉皇大帝與眾神在天庭開防疫大會，玉皇大帝發現有許多空位，關心詢問：怎麼沒見到千手觀音？

眾神回答：還在南天門外洗手。

玉帝又問：那八仙呢？

眾神回答：因爲都從海外回來，需要居家隔離14天。

玉帝又問：那關聖帝君呢？

眾神回答：他臉紅發燒，超過37.5度，在家自我隔離。

玉帝又問：爲何唐三藏也沒來？

眾神回答：他有旅遊史，被居家檢疫，不能來。

接著玉帝又問：爲何十八羅漢只來了十三位？

眾神回答：五漢得了肺炎，不能來！

玉帝又問：那文昌帝君呢？

眾神回答：因爲是遠距教學時間，他還在直播中……

玉帝又問：織女怎麼沒來？

眾神回答：她在趕製不織布給口罩工廠做口罩！

玉帝又問：怎麼只見千里眼不見順風耳呢？

眾神回答：順風耳正在監聽有沒有人造謠或虛報疫情！

玉帝又問：那土地公呢？

眾神回答：他忙著去查居家隔離跟檢疫的人在不在家。

玉帝又問：那五路財神呢？

眾神回答：路都封了，都過不來。

2. 符號意義關係類比

符號可以象徵許多意義，文字、數字、代號、圖形、影音和影像等，都可以是符號的表示，例如：1314數字符號象徵「一生一世」；鑽牛角尖成語符號象徵餃子店名「專牛餃煎」；非法走私、自由法則慣用詞符號象徵理髮店名「飛髮走絲」、「自由髮則」；日積月累慣用詞符號象徵餐飲店名「日G悅蕾」等。

（二）系統相似性

系統是指個別元件有相互關聯性所組成的結構體，而系統下的每個小系統間，相互銜接則成為一個大系統。以遊戲機系統為例，包括了遊戲軟體和街機系統，街機系統包括螢幕、搖桿、按鍵及主機本體一體化的遊戲機。2006年任天堂的Wii即發展螢幕、搖桿、按鍵及主機本體一體化的遊戲機。

圖8.2「雪糕行動硬碟」，「雪糕」是行動硬碟整體系統中樞，內置控制系統和電池，最高提供120GB容量；而「雪糕棍」則是USB隨身碟。需要的時候，將「雪糕棍」插進「雪糕」上的標準USB接口，USB中的數據會自動執行任務把記憶體轉移到硬碟中。當然，前提是電池中有電，或者你已經接上了電源適配器。所以，形成「雪糕行動硬碟」包括了相互關聯對接的子系統：1. 插入USB即能自動備份數據的接口；2. LED指示燈；3.電源適配器接口；4. 小連接線接口；5.USB。依此類推，「雪糕行動硬碟」也可以依照系統相似性，換成「高跟鞋行動硬碟」，在高跟鞋內安置設計各個子系統連結主系統，做成類似設計。

插入USB即能自動備份數據
電源適配器接口

USB

小連接線接口

▲ 圖8.2　雪糕行動硬碟

（三）結構相似性

結構相似性是指外在和內在結構，或是整體和部分結構，可以作為類比的創意推論依據。2020年東京奧運的動態圖標版「超級變變變」，讓人看見日式幽默，而這款由日本設計師廣村正彰（Masaaki Hiromura）和動畫設計師井口皓太（Kora Iguchiare）合作，為奧運三十三項運動的五十款圖標、帕運二十二項運動圖標，設計成奧運史上首款的動態圖標象形圖（Pictograms），簡化運動項目後的圖案，不僅突破語言文化藩籬，更可以輕鬆將訊息傳遞出去，在結構相似性奧運動態圖標採有框和無框兩種，衍生成為各種動畫。例如：圖8.3「結構相似性的東京奧運運動圖標」所示。

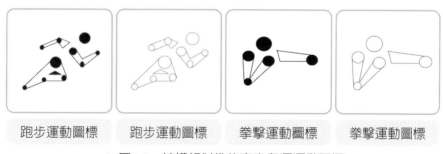

跑步運動圖標　　跑步運動圖標　　拳擊運動圖標　　拳擊運動圖標

▲ 圖8.3　結構相似性的東京奧運運動圖標

（四）特色相似性

許多特色相似的類似比擬，可以創造出「一看就知道意思」的創意。例如：創意設計筆記本封面，可以是開關筆記本、計算機筆記本、照相機筆記本、收音機筆記本等，一看就知道的特色，放在筆記本封面，本來這些物品和筆記本並無關聯性，但是為了彰顯特色應用在筆記本上，就創造出「可以有觸感壓壓看」的有特色筆記本，如圖8.4「特色相似性的筆記本」。

| 開關筆記本 | 計算機筆記本 | 照相機筆記本 | 收音機筆記本 |

▲ 圖8.4　特色相似性的筆記本

（五）資料相似性

資料相似性是應用兩兩相似的關係資料，做出相關邏輯推論。

《聖經》上記載了在猶太歷史上，諾亞的第十代孫子亞伯拉罕對上帝進行過的一次懷疑。上帝曾經懷疑有兩個城鎮的人民違反他的諭旨，便準備毀滅這兩個城鎮的人，作為對他們的懲罰。亞伯拉罕聽到這個消息，開始懷疑這位萬能神聖的上帝，於是便自告奮勇代表人民和上帝談判。

亞伯拉罕質問上帝說：「如果城裡有50名正直之人，難道也得跟隨惡人一起遭受毀滅嗎？」上帝沒有回答，亞伯拉罕進一步問：「難道上帝不願看在正直之人的份上，寬恕其他人嗎？」上帝自知理虧，只好說：「如果該城真有50名正直的人，那麼就看在他們的份上饒恕這個城鎮。」亞伯拉罕更懷疑了，難道要有50個人才可以原諒該城的

人嗎？於是他接著問：「如果只差5個人就能湊足50人，是不是還得毀滅這個城鎮呢？」

上帝又讓步，答應如有45個正直的人，就饒恕這城鎮。亞伯拉罕更加懷疑這位仁慈寬容的上帝了，於是他步步緊逼，說：「如果只有40名正直的人呢？」在亞伯拉罕不斷的質疑下，上帝真的是理屈詞窮了，但作為神聖不可侵犯的萬物的主宰，不能說出去的話不算數。然而，他還是為自己的發言辯解。亞伯拉罕義正辭嚴地問上帝：「把擁有正直的人的城鎮全部毀滅，合乎正義嗎？」

上帝終於被他問的無話可說，最後他答應：「如果有10位正直的人，就不毀滅這個城鎮。」

這是引自《塔木德》猶太人的致富聖經的故事（佛蘭克赫爾，2014）。事實上，亞伯拉罕用的「50、45、40、10人」、「正直正義」和「萬物主宰的上帝」的資料相似性，在每個議論的段落，不斷重複產生意義作邏輯推論，最後才能把傷害降到最低。資料相似性可以作為各種談判、情境處理，甚至是各種建築文案設計的參考依據。

三、類比法的定義

根據前述類似比擬的例子，可以歸納類比法的定義為：「類比法係根據兩個或兩類事物在某種屬性或關係上的相同或相似，而推出它們在其他方面也可能相同或相似的一種邏輯方法。」當開始比較兩個（或兩類）不同對象，找出它們的相同點或相似點，然後以此為根據，把已知對象的某些屬性或關係推移到另一被考察的對象上，獲得某種理解和啟發，即可以依此進行創意思考與解題。一般而言，類比法常可以從資料相似、屬性相似、關係相似、系統相似、結構相似等類似比擬，觀察到類比法的創意思考應用設計。

貳　類比法的類型和案例

一、直接類比

（一）意義

> 1. 定義：兩種物體、想法或概念的直接比較，將原主題之情境導入另一情境。
> 2. 發想公式：A（原物）：B＝B：C＝C：D＝D：E＝E：F……。

聯想到哪一個物體、想法或概念，即進行該聯想與原物的創意思維做創意設計。例如A：原物是門票，聯想到D是書籤，即可進行D＋A＝「書籤門票」的設計。進行發想可以是垂直思考有邏輯相關，亦可以是跳躍無相關的聯想。

（二）案例：日本金閣寺的祝福符印門票

日本金閣寺的門票是許多遊客珍藏的門票，寺廟的門票不再只是「花錢購票的憑證」，而是參觀祈福的祝福門票，門票上印著金閣寺的福印／福蔭，無論有無宗教信仰的人，收到這張文化意涵深厚的門票，都可以感受到金閣寺的眞誠。作者亦曾參訪金閣寺，門票仍收藏至今，如圖8.5「日本金閣寺的祝福符印門票」。

依照直接類比發想公式，可以推知，金閣寺的祝福符印門票發想如下：

門票：金閣寺＝金閣寺：佛寺＝佛寺：拜拜＝拜拜：符印＝符印：福印＝福印：祝福，選擇「福印和門票」做結合設計概念，即可做成金閣寺的祝福符印門票。

日本金閣寺

門票費用

金閣寺祝福符印門票

▲ 圖8.5　日本金閣寺的祝福符印門票

（三）門票直接類比的創意思考

　　依照直接類比進行門票設計，該門票可以是車票、機票、船票、活動、展覽等入場門票設計，如表8.1「門票應用直接類比法的創意思考設計」。

表8.1　門票應用直接類比法的創意思考設計

門票作品名	門票類比思考過程	門票用途
貼紙門票	門票：貼紙＝貼紙：收藏品＝收藏品：貼紙門票	門票可以用來當貼紙，貼紙上印的收藏品，是拿來當貼紙。
懸疑門票	門票：票＝票：電影＝電影：懸疑電影	將門票上面印著跟電影有關的問題，能邊看電影、邊解謎題。
磁扣門票	門票：錢＝錢：硬幣＝硬幣：磁扣	門票做成磁扣，用感應磁扣即可進入，磁扣也可以當作磁鐵再利用。
藝術彩色玻璃門票	門票：藝術展＝藝術展：彩色玻璃＝彩色玻璃：藝術品	用彩色玻璃做出門票的造型，然後參觀時可以把彩色玻璃拿起來配合著觀賞藝術展。
紙飛機門票	門票：機票＝機票：飛機＝飛機：紙飛機	將機票設計或可以摺成飛機的樣子，搭機完變成能收藏的紙飛機模型。

二、擬人類比

（一）意義

　　不同時代的人、事、物或是企業經營，常有不同的希望表現意識或是投射意象。例如：以代表各企業的Logo為例，在歷史演進過程的期望意識，常希望企業可以有什麼改變，或是賦予特別願景。所以，許多具有歷史的Logo，最能讓人感受到企業的企圖心，也許是希望和創辦人一樣的優雅美麗，或是希望從消費者端找出共識點。

（二）案例：企業Logo擬人類比投射意識

　　鮮明獨特的Logo代表一個品牌形象，也是意味著整個產品廣告或企業文化，最簡潔期待的願望。以下舉出福斯汽車、家樂福和香奈兒等三款，都具有擬人類比投射意識到Logo，例如：福斯汽車Logo採取VW兩字，V德語意味國民，W德語意味汽車，整體意義即為國民汽車，意即希望人人都可以買得起的平價汽車。家樂福Logo則是從C的右端延伸一個藍色箭頭，左端一個紅色箭頭，希望四面八方的客源不斷朝著Carrefour聚集。香奈兒Logo則是希望香奈兒名字的縮寫兩個交叉的C，能代表品牌創辦人Coco Chanel的品味，希望人人都具品味氣息。如圖8.6「企業Logo擬人類比投射意識」。

福斯汽車Logo	家樂福Logo	香奈爾Logo
投射意識：V德語意味國民，W德語意味汽車，整體意義即為國民汽車，即希望人人都可以買得起的平價汽車。	投射意識：C的右端延伸一個藍色箭頭，左端一個紅色箭頭，希望四面八方的客源不斷朝著Carrefour聚集。	投射意識：希望香奈兒名字的縮寫兩個交叉的C，就像品牌創辦人Coco Chanel的品味。

▲ 圖8.6　企業Logo擬人類比投射意識

（三）Logo類比的創意思考創作

圖8.7「Logo創意思考創作」，即可以自己的姓名或未來創業會使用的Logo，均投射意識在Logo意象中。例如：Alice婚紗沙龍店Logo，投射意識是指到婚紗店拍攝的新人，希望像公主、王子般的幸福；頑皮豹玩具店Logo把頑皮豹的快樂慵懶，投射意識為買到的玩具可以像頑皮豹一樣開心；TSE^{2}動畫產業公司則以銳利眼光加上自己名字作為公司Logo，投射意識是希望作品具有像眼睛一樣的銳利；火‧火鍋店Logo的投射意識，表達火鍋店充滿了熱情的火能量。

Alice婚紗沙龍店	頑皮豹玩具店	TSE²動畫產業公司	火‧火鍋店
投射意識：希望像公主、王子般的幸福。	**投射意識**：可以像頑皮豹一樣開心。	**投射意識**：希望作品具有像眼睛一樣銳利。	**投射意識**：火鍋店充滿了熱情的火能量。

▲ 圖8.7　Logo創意思考創作

三、矛盾類比

（一）意義

1. 定義：運用兩個矛盾衝突的特徵或似乎無關聯的詞組合在一起，經過精簡壓縮矛盾不協調，以產生新奇的概念。
2. 發想公式：創作物＝A，A＋B，A＋B＋C，A＋B＋C＋D……。

　　A、B、C、D每個都是矛盾衝突特徵或是似乎無關聯的詞。例如：以USB是創作物，聯想到針筒、船艦、轉頭、水龍頭等，都是與UBS無關聯，甚至是矛盾的聯想，可據此，單一或是結合幾個概念共同創作新的USB。

（二）案例：USB矛盾類比產出作品

　　圖8.8「USB的矛盾類比產出作品」都是使用兩個矛盾衝突的特徵，或似乎無關聯的詞組合在一起，經過精簡壓縮矛盾不協調，以產生新奇的概念。例如：USB和針筒、USB和轉頭、USB插頭和發光水龍頭、USB插頭和航行船艦都是矛盾類比。因為USB和針筒的結合，創造了「推出收回」的創意；USB和轉頭相結合，創造「開關旋鈕」的創意；USB插頭和船艦相結合，創造「多孔洞船艦USB插座」的創意；USB插頭和水龍頭相結合，創造「容易向下拉USB發光插座」的創意。

針筒USB	轉頭USB	船艦USB插座	水龍頭USB插座
矛盾意識：USB造型像針筒推拉。	矛盾意識：USB可以開關旋鈕。	矛盾意識：USB插座可以航行。	矛盾意識：USB插座可以發光向下拉。

▲ 圖8.8　USB的矛盾類比產出作品

（三）USB矛盾類比的創意思考

以USB為創作物，進行經過精簡壓縮矛盾不協調，以產生新奇的概念，獲致「USB＝積木＋魚」、「USB＝雞腿＋便當」、「USB＝野獸＋肉」、「USB＝摩天輪＋旋轉」等創意思考。

繼續應用延伸矛盾壓縮抽到的詞，獲得「USB＝積木＋魚」延伸為USB像積木可以連接和魚骨頭，變成新的像積木接力每塊魚骨的USB，進行容量分享和接續電力。「USB＝雞腿＋便當」延伸為USB可以作為加熱器來蒸便當，便當有USB接孔可以保持恆溫。「USB＝野獸＋肉」延伸為USB可以發揮嗅覺功能，插入肉槽得知肉槽儲存資料的時限。「USB＝摩天輪＋旋轉」延伸為USB可以像摩天輪整體充電和享用個別使用樂趣，讓多人同時分享插槽，具共有性和個別性，資料透過摩天輪雲端儲存，根本不需要帶USB。如圖8.9「USB矛盾類比的創意思考」。

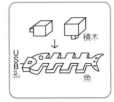

虱目魚積木USB	雞腿便當USB	野獸吃肉USB	摩天輪USB
矛盾壓縮：可以多個USB做連結。	**矛盾壓縮**：USB可以加熱。	**矛盾壓縮**：USB可以嗅覺設計啟動功能。	**矛盾壓縮**：USB可以像摩天輪雲端儲存。

▲ 圖8.9　USB矛盾類比的創意思考

四、幻想類比

（一）意義

> 1. 意義：幻想類比是透過幻想超乎常理的存在事實，但是卻希望它發生，變成是事實。而這些幻想常會在多年以後的時空，可能會發生的人、事、物、境，去想像製造可能產生的現象、場景、產品、解決問題方法。
> 2. 發想公式：假如……可能會……。

　　假如汽車可以改吃空氣不吃汽油，可能會替地球節能減碳。空氣動力車全稱爲壓縮空氣動力汽車，即是一種幻想類比的應用，最早在法國創意發想，使用高壓壓縮空氣爲動力源，空氣爲介質，運行時將高壓壓縮空氣存儲的空氣能轉化爲其他形式能量來驅動汽車，目前已經量產。未來再幻想研發空氣車，可能又創造另一種新科技車。

（二）案例：球型輪胎的誕生

　　球型輪胎的概念是美國輪胎大廠固異特（GOODYEAR）在日內瓦車展，提出Eagle360度旋轉的球面輪胎設計，改變對輪胎的想像，表現如下的想像：輪胎可以自動調整對路面接觸，乾燥路面輪胎會變硬、濕滑路面輪胎變軟以避免打滑，並可以隨著天氣調節輪胎接觸地

面避免磨損，加強輪胎行駛安全性。也可以調整輪胎行駛方向，在交通繁忙地區可以重新定位，不須太多移車空間即能像螃蟹橫向進入停車位置。智慧輪胎能自動旋轉調整對於路面平均受力，比一般輪胎壽命更長、更不易磨損，應用磁力漂浮概念設計球體輪胎對於路邊停車更為方便。

至今，球型輪胎已經應用在知名車商奧迪（AUDI）生產出來的實體車，輪胎是球體輪胎，發揮在停車、轉彎、止滑和噪音等行駛時展現輪胎特殊作用。

（三）動漫幻想類比的創意思考創作

幻想類比可以是很具體夢幻的想像，也可以是很具體的產出。例如：應用幻想類比「假如……可能會……」，創作各種可能的人，例如：「假如我是章魚，可能會想要做成會掃地的機器人」；「假如我是化妝師，可能希望變成香奈兒化妝機器人，可以讓顧客變得很美麗」；「假如野外求生有機器人隨時補給食物，可以讓野外活動更方便及安全」等。如圖8.10「動漫幻想類比的創意思考創作」。

章魚弟掃地機器人　　香奈兒化妝機器人　　野外救生機器人

▲ 圖8.10　動漫幻想類比的創意思考創作

NM 類比法的基本概念和應用設計

壹 NM 類比法的基本概念

一、創始人和創意構想

NM類比法創始者中山正和（Nakayama Masakazu）是日本的發明家和大學教授，主要構想是認為任何發明均能夠透過「模擬」和「檢定」兩種方法，由發明「點」運用圖像或文字描述情境類比、擬人類比、現象類比、直接類比、矛盾類比等類比方法，再延伸發明「點」為發明「線」，一一檢定如何應用類比的創意想法，展現創意背景（creative background）和創意脈絡（creative conception），成為定型創意可行「面」的作品、產品和商品。

因此，中山正和以其姓名第一個字母NM發展出NM法，以類似神經脈絡的點類比延伸創意點和線檢核可行構想，用在許多新產品的開發面向。圖8.11為「NM法構想發展概念圖」。

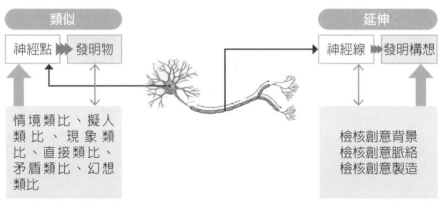

▲ 圖8.11　ＮＭ法構想發展概念圖

二、NM的神經點、線類比延伸

要進行NM的神經點、線類比延伸，需要具備下列創意技能：

（一）圖感和文字的儲存檢索

對於觀察過的情境、現象、矛盾、意識、幻想等，無論是具體或是抽象的感覺，都可以記憶大致的圖像，使用文字描述圖像的特色、造型、色彩、突出、意義、周遭物、材質、觸感等表達，或是以圖像、截圖或攝影直接表現，例如：下列抱枕商品，即是具有圖感的創新商品。當有圖感就容易有頓悟的突發靈感「突感」，傳統方形抱枕可能就會賦予有嗅覺的「酒香而泥醉」，以及吃起來「有玉米香味覺的咬勁口感」，延伸在抱枕的意識，加以檢核擬人類比的希望抱枕可以像酒一樣讓我沉醉。據此探尋發揮整體造型和彰顯特色的完整概念，泥醉抱枕即是送給喜歡小酌或是暢飲大醉的最佳選擇方案。如圖8.12「酒瓶和玉米抱枕的類比構想」。

▲ 圖8.12　酒瓶和玉米抱枕的類比構想

（二）熟練五種對應型態的組合創意

中山正和先生認為要進行NM法，則必須對於外在刺激（S, Stimulus）、圖像（I, Image）、文字（W, Word）、儲存（S, Storage）、檢索（R, Retrieval）、產出（O, Output）的相互關係性，例如：SO、IO、IS、WS、WR等五種對應型態，需要非常熟練蒐集資訊並透過歸納分析進行檢核最佳可行創意，方能有助於神經點線面的創新產出。換言之，中山正和先生從神經科學網絡觀點，結合認知心理學訊息處理有關的刺激產出（SO）、圖像儲存（IS）、圖像產出

（IO）、文字儲存（WS）和圖像檢索（WR）等，中山正和先生稱之為HCB五種對應型態，適時組合創意對應轉換，可以昇華創新發明的創意性。換言之，多利用刺激、圖像、文字等方式，作為發明物聯想的儲存、檢索和產出，可以促進創意的產生。例如：圖8.13「創新音響的NM類比組合創意」。

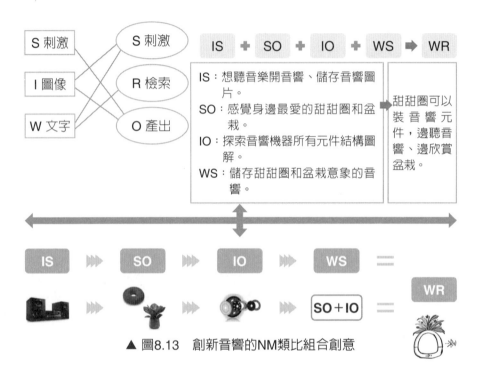

▲ 圖8.13　創新音響的NM類比組合創意

（三）假定檢核創意可行性

　　任何創意有其進步性、使用性、想像性、市場性和創新性，如能進行假定檢核創意可行性，將能較接近使用者的接受度和設計者的創意表現力。例如：表8.2「假定檢核創意可行性」（沈翠蓮、王婷宜，2021）。

表8.2　假定檢核創意可行性

創作物名稱	水族箱電子鐘	心花朵朵開傘	廚神刀架組
圖譜			廚師劊刀柄　靴子置刀架
假定說法	人們經常在欣賞魚的時候忘我，要有時鐘提醒。	傘就像花一樣含苞綻放。	假如刀有腳，就需要鞋子穿著較好看。
檢核規準	➤ 進步性：有 ➤ 使用性：無 ➤ 想像性：有 ➤ 市場性：不明 ➤ 創新性：有	➤ 進步性：無 ➤ 使用性：有 ➤ 想像性：無 ➤ 市場性：有 ➤ 創新性：無	➤ 進步性：有 ➤ 使用性：有 ➤ 想像性：有 ➤ 市場性：有 ➤ 創新性：有
可行性總評	有可行性	可行性低	可行性很高

貳　NM 類比法應用類型的需求發想

　　NM類比法又稱為想法移植術，主要是應用類比的觀點，和空間、時間、硬體、問題等，進行新創產品想法的觸媒點，以下提出常見的五種應用類型。而這些應用類型的產生，除了一般T型外，多是依照發想的關鍵詞，再依序空間、時間、硬體和問題等需求，腦力激盪寫出或是畫出心中構思，展延出新作品產出。

一、T型：類比點子一般產出型

　　類比點子一般產出型，又稱為Takahashi法，簡稱T法，主要是應用常見類比慣用方法，作為新創意產品的想法移植，快速類比產生新創意的想法移植。以下舉出常用的直接、擬人、矛盾和幻想類比，想法移植的應用實例，如表8.3「T型：類比點子一般產出型開發多樣產品案例」，產出如宅男滑鼠、紅蘿蔔牙刷、貓傘架和牙齒錢包（沈翠蓮、石峻傑，2021）。

表8.3　T型：類比點子一般產出型開發多樣產品案例

類比產品	類比定義和例子	新產品繪圖
	直接類比：兩種不同事物，彼此加以譬喻或類推，以產生新奇的概念。 **A：B＝B：C＝C：D＝……** 滑鼠：宅男＝宅男：遊戲＝遊戲：網路	滑鼠滾輪
	擬人類比：個人意識投射到特定的物體或想法上，以產生新奇的概念。 **假如我是……，我希望……** 假如我是電動牙刷，我希望電動牙刷可以像紅蘿蔔一樣保持牙齒健康。	從葉子拔出牙刷　紅蘿蔔造型　泥土造型　開關　牙刷架
	矛盾類比：運用兩個矛盾衝突的特徵或似乎無關聯的詞組合在一起，經過精簡壓縮矛盾不協調，以產生新奇的概念。 **A和B，請寫出你的類比** 雨傘／貓和蒼蠅	貓　蒼蠅　雨傘
	狂想類比：以不尋常、牽強附會的去想像問題，以產生新奇的概念。 **假如……，就會……** 假如錢包有牙齒，張口咬住的錢都可以自動報數。	錢包　牙齒

二、A型：多元水平結合型

　　應用創意思考進行多元水平結合各種空間（Area），是發揮A型類比創作要點。例如：下列三款遊戲絲巾所列的夜市、太空和餐廳都是A型的空間場域，如何找出空間中的「內容」相互類比，是應用A型類比創作的關鍵。夜市空間中的各類擺餐店家位置和特色，太空中的星球航行軌道的相互影響，非常多的餐廳如何選擇用餐地點和食物的場域，從地點（Where）、什麼內容（What）、為什麼要選擇這個

空間（Why）、如何傳達訊息（How）和可能有什麼影響作用（How Much）等進行A型類比，即會產出意想不到的創意作品。圖8.14「遊戲絲巾開發空間創意發想」，以絲巾為核心，依照不同地點的可能性，連結多個合乎邏輯點子，創造絲巾可以鋪平用骰子玩前進後退，也可以用轉動玩具做選擇停靠點，遊戲絲巾不僅可以玩，也可以作為美麗的絲巾使用。

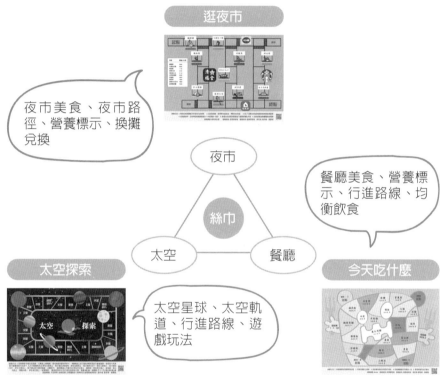

▲ 圖8.14　遊戲絲巾開發空間創意發想

三、S型：兩兩時間結合型

S型：兩兩系列結合型是以時間系列（Serial）的兩兩邏輯推論作為基礎，延伸出新創意產出，所以稱為S型。例如：圖8.15「拳頭水壺生氣了」，從提醒要定時喝水時間越來越長，卻一直未喝水，顏色則

會變為黃色、紅色，如果一直都沒有喝水，拳頭水壺裡會出現喝水精靈影像提醒喝水。據此，以「時間系列」作為邏輯推理基礎，找出相對應現象、顏色、事理、場景等，可以創作出創意作品。

▲ 圖8.15　拳頭水壺生氣了

四、H型：硬體發明型

H型（Hardware：硬體發明型）適用於設備、工具等硬體之發明、改良及問題解決，以個人方式實施及以圖示代替文字為其特色，實施此種類型必須具備專業知識，否則難有成效。例如：日本ACROS福岡階梯花園，又稱「ACROS山」，是福岡市中心模仿山的概念，所建造大規模可攀登的展望台，屋頂種植物作綠化，高60公尺，共十四層，是以綠化城市節能減碳為問題核心，進行以「山」情境類比的想法移植，完成場境問題解決。

台東知本的臺東大學圖書資訊館，也以特殊的綠建築吸引了不少旅人的注意。偌大的「金字塔」造型，披上了綠色草皮，就像是另類的埃及綠色金字塔般那樣迷人。

五、D型：發現問題解決型

D型（Discover）是以很多事實資料發現問題重點，腦力激盪創造新觀念，以假說方式組合卡片，最後以直覺判斷結果，發現問題癥結解決問題。

例如：應用3D列印拐杖，發現拐杖需求者多為長者、肢障者、復健者或身體需要扶持者。以3D列印技術可以選擇輕量化材料作為問題解決，但是輕量化材料價格過高，無法適合解決偏向弱勢者使用

需求，列印舊有款式的拐杖，仍顯得過重不便使用。如何製造降低價格、使用輕量化、穩定不易倒的拐杖輔具，即可仿照骨質疏鬆的孔洞設計，加上綿密兼顧銜接力，創造出如表8.4「3D列印輕量拐杖設計」。

表8.4　3D列印輕量拐杖設計

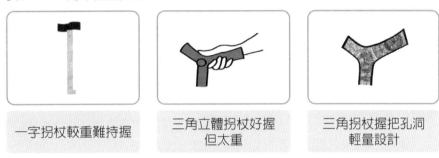

一字拐杖較重難持握　　三角立體拐杖好握但太重　　三角拐杖握把孔洞輕量設計

　　整體而言，應用NM類比技術如能掌握下列簡易公式，如圖8.16「NM類比技術創作公式」，不難利用觀察、想像、類比、移植的翻滾創意，創作新作品產出。

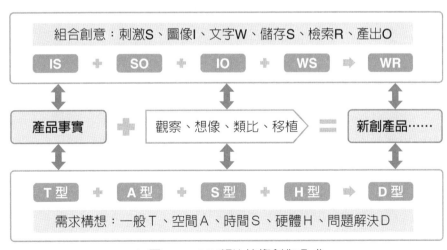

▲ 圖8.16　NM類比技術創作公式

03 NM 類比法的創作步驟

壹 **NM 類比法的創作步驟和要點**

中山正和先生對於如何應用想法移植術到產品開發，列出了如同他以自己姓名命名的NM法，做出四個簡易關鍵字作為創作步驟，即是：關鍵字（key word, KW）、探尋類比（question analogy, QA）、探尋創意背景（question background, QB）、探尋作品概念（question conception, QC），作者認為再加上探尋作品行動QA（question action, QA）有助於完成作品產出。以下茲以「筆」的開發為例，說明每一步驟和要點。

一、KW：列出關鍵字（key word, KW）

（一）範例

1. 創作物：筆
2. KW（關鍵字）：1. ＿＿針灸＿＿，2. ＿＿營養素＿＿，3. ＿＿APP＿＿

（二）關鍵要點

決定關鍵字KW，應根據要開發新產品的假設方向、期望值、希望形象、未來可能研發等四個方向著手。在發想關鍵字時經常使用四個「po」，可以使發想關鍵字，變得更有開發新產品的創意和想像力，此處不必設定是具體可見物體或抽象發想語彙，「po」想到的關鍵字都可以列出。

第一個「po」是hypothesis：意即假設、假定的意思。例如：假設筆可以像針灸一樣、筆可以像菜刀一樣、筆可以像試劑一樣……，把假設想法列出來做創意發想，驗證筆的新可能。

第二個「po」是suppose：意即期待是……、猜想是……的意思。例如：期待筆是可以點色顯色的筆、筆是可以給人猜想祕密的筆、筆是可以發金幣的筆……，把猜想中的筆化為與眾不同，卻是市場上未見可開發的筆。

第三個「po」是possible：意即有可能的、希望是的意思。例如：
筆有可能判別毒性、筆有可能拿來吃、筆有可能測出營養素、筆希望
是光的代言人……，把有可能的筆從生活中的食、衣、住、行、育、
樂或科技，展現有可能的希望。

　　第四個「po」是potential：意即有潛能的、未來可能是的意思。例
如：筆未來可能結合AI技術、筆未來可能結合APP、筆未來可能吃空
氣就可以寫字、筆未來有潛力成爲超市結帳機……，對不可知的未來
賦予想像力和可能任務，或是轉換成已經不是筆的新作品，但新產品
概念是從筆而來。

二、QA：探尋類比（question analogy, QA）

（一）範例

　　如表8.5「筆的QA探尋創意類比」所歸納，依照第一步驟KW關
鍵字的發想，分別從針灸、營養素、APP三個關鍵字加以探尋創意類
比，可以運用常用的直接類比、擬人類比、矛盾類比、幻想類比或其
他類比方法，把筆關鍵字的構想類似比擬成爲新的創意。

表8.5　筆的QA探尋創意類比

關鍵字	關鍵字類比內容	採用類比方式 打v
1. 針灸	我希望筆，可以像針灸扎針到穴位。	□直接　☑擬人 □矛盾　□幻想
2. 營養素	筆：營養素＝營養素：器官＝器官：健康＝健康：生病。	☑直接　□擬人 □矛盾　□幻想
3. APP	假如筆可以像針灸扎到專屬營養素穴道，APP就會記錄下來告訴你，最需要哪些營養補給。	□直接　□擬人 □矛盾　☑幻想

（二）關鍵要點

在探尋創意類比的關鍵要點如下：

1. 多練習類比的形式：類比是想法移植到新產品的主要關鍵，透過小組腦力激盪或個別類比聯想，寫下、畫出思考結果，可以有許多關鍵詞或圖像的產生，透過這些產生點子，由第一層的三個關鍵字再激盪出其他卡片構想，作為類比的思考。

2. 多推敲類比間的相互關係性：例如：創作物是筆，關鍵字是營養素，就可以利用直接類比的聯想，營養素、器官、健康、生病……，可以推敲「筆」和「營養素、器官、健康、生病」這些類推的構想有何相互關係性，哪一個是最適合做繼續想法移植的主要概念，經由多次推敲類比後的創意，很容易讓人敏覺到新穎絕妙點子的動感。

3. 多聯想多個詞或畫，記錄下來：例如：假如筆可以像針灸扎到專屬營養素穴道，APP就會記錄下來告訴你，最需要哪些營養補給，此時要畫出或寫下「身體穴位」、「營養補給站」和「APP」三個圖像或文字，儲存的意義作為資料庫，有助於後續作品的精密完整性。

三、QB：探尋創意背景（question background, QB）

（一）範例

茲以「Vitastiq 2 維生素檢測筆第二代」為例，該檢測筆可以檢測和監控身體最重要的二十六個營養素，以下說明如何探尋創意背景（SEARCHING, 2021）。

1. 筆可以像針灸：筆像針灸可以扎針到穴位；筆可以在手掌或耳朵或腳底，偵測到主要影響健康的穴位。

2. 筆可以判斷營養素：筆可以像針灸找到穴位，判斷營養素；筆可以判斷生病時，缺乏的營養素是什麼。

3. 筆希望有APP能幫忙完整記錄：筆能連結到APP上，記錄筆針灸到的穴位資訊，提供健康或生病營養素的差異現象，也可以提供健康改善資訊或對應器官功能。

（二）關鍵要點

1. 應用隱性知識判讀資訊和經驗的可行性：每一個探尋創意背景最終目的，都是期待能將創意落實於使用者的務實感受和體驗。應用隱性知識判讀資訊和經驗的可行性，就必須促動搜尋與創意背景有關的資訊探索、判讀資訊、訪問專家或是田野調查。例如：「筆希望有APP能幫忙完整記錄」即可搜尋類似APP產品，類比Apple或Garmin健康手錶的APP設計，探析使用者常見問題、介面設計、APP畫面和內容設計、故障排除、APP更新等。

2. 應用顯性知識盤點技術和科技的適配性問題。有些類比構想非常好，但常會面臨不知道有無材料、使用材料適用評估測試、質感結構、生產方法、價格定位和開模產出等適配性問題。例如：「筆可以像針灸」，從筆的探頭、筆身和筆端的材質、尺寸、Logo、感測元件的置入等技術，如何達到定點、定位迅速無誤，需要應用顯性知識盤點技術和科技的適配性。

四、QC：探尋作品概念（question conception, QC）

（一）範例

依據前面的KW、QA、QB，在QC探尋作品概念，以下圖把整體概念透過局部和整體圖譜，呈現作品類比的創意背景和特點。如圖8.17「筆的QC：探尋作品概念」。

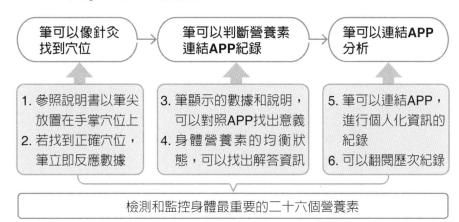

▲ 圖8.17　筆的QC：探尋作品概念

（二）關鍵要點

1. 外觀結構圖的繪製：如圖8.17「筆的QC：探尋作品概念」可以讓消費者清楚了解筆的外觀、和APP連結相互關係、筆和營養素的相互對照等外觀結構圖。如果有繪製具體的草圖或原型圖譜，更能理解概念所要表示的特點。

2. 產品樣本和商品產出規劃：任何成形的產出樣本和商品都需要有測試、修改、再修正和定位歷程，找尋廠商討論設計生產細節，甚至目的、材料、機能、樣式、生產方式、包裝、行銷方式、費用等，都須有完整規劃書，才能從打樣商品到商品行銷，有具體完整概念。

3. 期程管控和商品評鑑：對於產出作品需求時間和作業流程，以及內部人員評鑑商品、外部消費者和廠商評鑑商品等，做好期程管控和商品評鑑規劃，有助於完整概念的提出。

五、QA：探尋作品行動QA（question action, QA）

（一）範例

1. 作品命名：Vitastiq 2 維生素檢測筆第二代。

2. 作品創意

⑴ 簡單易知健康營養狀態：Vitastiq 2 維生素檢測筆第二代，可以簡單檢測得知，身體各部位的各個點有對應的維生素與礦物質，把檢測筆接觸到這些對應點，便能知道身體有哪些營養素攝取不足。

⑵ 提供個性化的健康營養建議：Vitastiq 2 維生素檢測筆第二代，連接APP，可以在Vitastiq 2檢測你的維生素和礦物質狀態之後，提供個性化的建議，來幫助你選擇更好的營養物質。配套的APP能儲存、評估之前的數據，並會告知你現在的身體狀況和體內維生素／礦物質的水平。定期檢測，你能看到體內營養成分的趨勢。

⑶ 簡單隨處可用：Vitastiq 2 第二代支援無線藍芽，升級至可以充電式電池，加強兼容性，筆身更輕盈、更耐用。

3. 作品完成圖：如圖8.18「Vitastiq 2 第二代」。

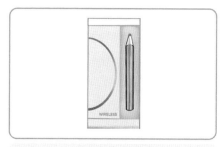
Vitastiq 2 維生素檢測筆第二代包裝

電子迴路
Vitastiq 2 維生素檢測筆第二代檢測

▲ 圖8.18　Vitastiq 2 第二代

（二）關鍵要點

在最後完成行動階段，應該有完整的命名、產品創意背景和概念（QB & QC）敘述，具體呈現包裝外觀等。

04 NM 類比法的創作實例

NM類比法可以應用在開發許多新創產品,利用觀察、想像、類比、移植的翻滾創意創作產出新作品,貫通對應型態的五種組合創意——刺激S、圖像I、文字W、儲存S、檢索R、產出O,所形成的有關刺激產出(SO)、圖像儲存(IS)、圖像產出(IO)、文字儲存(WS)和圖像檢索(WR)等組合創意;和對應型態的五種需求構想:一般需求(T型)、空間需求(A型)、時間需求(S型)、硬體需求(H型)、問題解決需求(D型)等需求構想,以及融入在關鍵字(KW)、探尋類比(QA)、探尋創意背景(QB)、探尋作品概念(QC)、探尋作品行動(QA)的創意思維與設計當中,即可簡單快速創作出新穎有用的作品。以下舉出「手機殼刀」和「貓咪泡湯茶包」說明之。

壹 實例一:手機殼刀

一、KW:列出關鍵字(key word, KW)

(一)創作物:手機殼

(二)1. __工具__ 、2. __化妝品__ 、3. __防身用品__

二、QA:探尋類比(question analogy, QA)

(一)發想圖卡:如圖8.19「手機殼的QA探尋創意類比」。

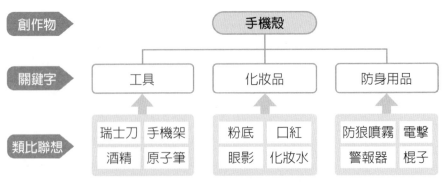

▲ 圖8.19　手機殼的QA探尋創意類比

（二）類比聯想：如表8.6「手機殼的QA探尋創意類比聯想」。

表8.6　手機殼的QA探尋創意類比聯想

關鍵字	關鍵字類比內容	採用類比方式 打v
1. 工具	我希望手機殼，像瑞士刀很方便。	☐直接　☑擬人 ☐矛盾　☐幻想
2. 化妝品	手機殼：化妝品＝化妝品：粉底＝粉底：眼影＝眼影：口紅＝口紅：化妝水。	☑直接　☐擬人 ☐矛盾　☐幻想
3. 防身用品	假如手機殼有防狼噴霧，就不怕色狼靠近。	☐直接　☐擬人 ☐矛盾　☑幻想

三、QB：探尋創意背景（question background, QB）

（一）手機殼可以藏刀：我希望手機殼，可以像瑞士刀很方便，在側面可以翻出瑞士刀，也可以快速收納回去。

（二）手機殼可以讓人更美麗：手機殼也可以讓愛漂亮的人，隨時想擦粉餅，就隨處可用。

（三）手機殼是防身用品：手機殼可以是防禦色狼的隱藏性武器。

四、QC：探尋作品概念（question conception, QC）

（一）搜尋相關產品資訊和繪製三款手機殼構想圖：如圖8.20「手機殼的QC探尋作品概念構想圖」。

瑞士刀手機殼

粉餅手機殼

防狼噴霧手機殼

▲ 圖8.20　手機殼的QC探尋作品概念構想圖

（二）類比聯想：如表8.7「手機殼的QC探尋作品概念評估」。

表8.7　手機殼的QC探尋作品概念評估

產品規準／名稱	瑞士刀手機殼	粉餅手機殼	防狼噴霧手機殼
➤創意性	高	中	中
➤使用性	高	低	低
➤新穎性	高	中	中
➤市場性	高	低	低
➤可行性	高	低	低
➤總　評	高	低	低

五、QA：探尋作品行動QA（question action, QA）

（一）作品命名：好刀手機殼。

（二）作品創意

1. 瑞士刀具一應俱全：「好刀手機殼」讓你外出郊遊、旅行，簡單方便使用各種刀具。

2. 極小空間細膩藏刀：「好刀手機殼」是新好男人表現的創意，解決切、剪、鑽、磨、刮等攜帶許多工具才能解決的問題；也是漂亮女生緊急可用的防身工具和祕密武器。

3. 收機殼質感、觸感極佳：「好刀手機殼」表現金屬多層拋光、研磨和溫潤觸感，讓生活變得很有質感。

（三）作品完成圖：如圖8.21「好刀手機殼設計」所示。

▲ 圖8.21　好刀手機殼設計

貳 實例二：貓咪泡湯茶包

這是作者指導學生王婷宜創作的茶包點子和繪圖，案例內容由作者再加以修改完成（沈翠蓮、王婷宜，2021）。

一、KW：列出關鍵字（key word, KW）

（一）創作物：茶包。

（二）1.　茶杯　、2.　魚　、3.　蛋糕　

二、QA：探尋類比（question analogy, QA）

（一）發想圖卡：如圖8.22「茶包QA探尋創意類比」。

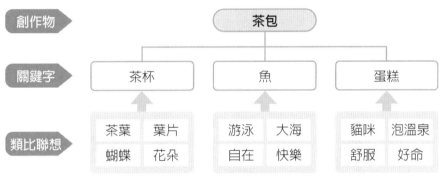

▲ 圖8.22　茶包QA探尋創意類比

（二）類比聯想：如表8.8「茶包的QA探尋創意類比聯想」。

表8.8　茶包的QA探尋創意類比聯想

關鍵字	關鍵字類比內容	採用類比方式 打v	
1. 茶杯	茶杯：茶水＝茶水：茶葉＝茶葉：葉片＝葉片：花朵＝花朵：蝴蝶	☑直接 □擬人	□矛盾 □幻想
2. 魚	我希望我的茶包，能像魚一樣悠游自在游泳。	□直接 ☑擬人	□矛盾 □幻想
3. 蛋糕	假如茶包可以像好命的貓咪一樣，就會很想泡湯（溫泉），舒服地戲水。	□直接 □擬人	□矛盾 ☑幻想

三、QB：探尋創意背景（question background, QB）

（一）蝴蝶茶包：蝴蝶可以停在茶杯上飛舞，作成蝴蝶身體放茶葉，造型有翅膀——一拉線翅膀可以震動飛翔，也可以將蝴蝶茶包掛在茶杯上。

（二）快樂魚茶包：可以將茶葉放進魚肚子裡，作成快樂魚造型的茶包。

（三）貓咪泡湯茶包：可以將茶葉仍然是獨立一包，在沖入茶水、貓咪身體掛在茶杯時會震動，開心張開雙臂，臉部表情設計得很開心。

四、QC：探尋作品概念（question conception, QC）

（一）搜尋三款茶包資訊和繪製創意概念圖：如圖8.23「茶包的QC探尋作品概念構想圖」，可以發現蝴蝶茶包和快樂魚茶包都已經有茶莊在販售。

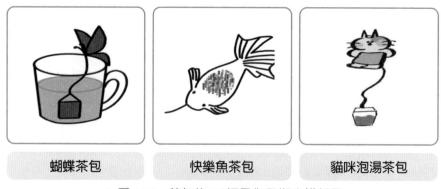

| 蝴蝶茶包 | 快樂魚茶包 | 貓咪泡湯茶包 |

▲ 圖8.23　茶包的QC探尋作品概念構想圖

（二）產品評估：只有「貓咪泡湯茶包」目前並無上市販售相關商品。如表8.9「茶包的QC探尋作品概念評估」。

表8.7 茶包的QC探尋作品概念評估

產品規準／名稱	蝴蝶茶包	快樂魚茶包	貓咪泡湯茶包
➤ 創意性	低	低	高
➤ 使用性	高	高	高
➤ 新穎性	低	低	高
➤ 市場性	低	低	高
➤ 可行性	低	低	高
➤ 總　評	低	低	高

五、QA：探尋作品行動QA（question action, QA）

（一）作品命名：貓咪泡湯茶包。

（二）作品創意

1. 療癒可愛舒服：「貓咪泡湯茶包」讓你在喝茶時，看著療癒可愛的貓咪在眼前泡湯，感覺另一種裸湯茶飲。

2. 貓咪也可以上茶桌：「貓咪泡湯茶包」讓你疼愛寵物的感覺，可以自然展現在品茗之際，寵物也可以上茶桌聆聽主人的論壇。

3. 可以客製化家庭寵物茶包：「貓咪泡湯茶包」可以依客人需求客製化茶包，作為既送茶包也送心愛寵物的好禮。

（三）作品完成圖：如圖8.24「貓咪泡湯茶包」所示。

▲ 圖8.24 貓咪泡湯茶包

創意挖新知報導

田中達也的微型世界

一、創意發想問題

田中達也（Tatsuya Tanaka）對於攝影與蒐集微縮人偶模型有興趣，不定期於Instagram發布作品，系列照片拜網路之賜廣受歡迎，因此辭去原本攝影師工作，正式成為「微型攝影師‧擬物創作者」，並成立株式會社MINIATURE LIFE。他是個聯想力豐富的藝術工作者，經常透過觀察周遭物品，馬上聯想到「什麼東西像什麼」的能力。因此，他認為創意想像其實就是一種習慣與訓練。以料理來做比喻的話，如果常在做菜，那麼打開冰箱的瞬間，確認剩下哪些食材後大概就能知道可以煮幾道菜。所以，在他的微型世界中，可以看到細膩精緻、趣味悟點卻又獨創表現的作品，令人讚嘆反思怎麼這麼巧妙！

二、創意設計思考

田中達也設定主題時，他會特別注重「季節感」、「世界共通點」、「特定節日」。希望能讓無論哪個國籍與年齡層的人，在看到作品的當下馬上就能理解，沒有深奧難懂的道理，他經常會問小孩給他意見：「這個看起來像什麼？」，從小孩最純粹的角度去檢視作品是否能引起大眾共鳴。他熱愛蒐集微縮人偶模型作為創作素材，從2011年4月開始持續每日一則《Miniature Calendar》，投稿至今已經九年多，每天從早上進行平面攝影、剪接製作過程到影片上傳至網路約花費5小時，他能保持不間斷創作的動力來源，表示這都要感謝廣

大的粉絲們給予的支持鼓勵，正因為知道有人期待自己的作品，才想繼續創作超越自我極限的作品。他曾於2020年在台北舉辦過微型展。例如：花椰菜的微型世界，把花椰菜拍攝的如樹林般，栩栩如生地呈現綠意盎然景象；TAKOYAKI微型場景，將章魚燒的手作達人場景和賣家專注神情，表現得自然生動；北國口罩的微型世界，因應疫情以口罩搭成的單薄帳篷，在聖誕樹下顯得孤單無助。

三、類比想像和創意解題

▶ 田中達也經常反問自己和他人：「這個類似什麼？像什麼？」透過類比想像作品，構思表現在他的系列作品，這樣，對於他的創意類比想像背景和概念完整性，有何幫助？

▶ 你看過他哪些作品？你最喜愛他哪一個作品呢？他的微型世界和現實世界，作品表現和人的存在有何相生相趣之處呢？

四、再閱讀資訊

▶ 口罩看起來像什麼？換個視角讓生活更有趣！微型攝影師田中達也。

▶ 口罩變身游泳池！田中達也的微型場景創作以幽默感帶大家衝破疫情難關。

▶ Tanaka_tatsuya_Instragm

創意賣味練習題

NM類比法

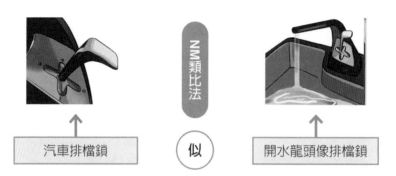

| 汽車排檔鎖 | 似 | 開水龍頭像排檔鎖 |

NM類比法

♩♪♩♪♩♪♩♪♩♪♩♪♩♪♩♪♩♪♩♪♩♪♩♪

| 拉拔插頭 | 擬 | 勾拉發光插頭 |

NM類比法

♩♪♩♪♩♪♩♪♩♪♩♪♩♪♩♪♩♪♩♪♩♪♩♪

似 → 類似排檔鎖的應用 → 兩兩類似的物品應用

擬 → 比擬省力拉的動作 → 兩兩比擬的動作應用

KW、QA、QB、QC、QA，找關鍵點類比創意背景概念做應用

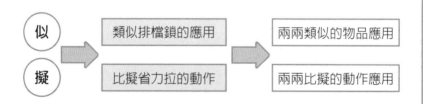

換你做做看～NM類比法

附錄　創意賣味 MY WAY 10 KEYS

　　創意是需要任性又韌性地依循自己的方式，自由聯想和邏輯思維，也要學習和他人共同腦力激盪地討論，以下列出可以培養創意的十個創意賣味單。這十個創意賣味單，包括基礎級四份、進階級三份、應用級三份，構想如圖1「基礎級創意賣味單構想」、圖2「進階級創意賣味單構想」、圖3「應用級創意賣味單構想」。

壹　基礎級創意賣味單構想

　　基礎級創意賣味單構想主要是配合第一、二、三章設計，透過感覺、知覺和後設認知創意解題所設計的創意賣味單，包括：我的創意名片、錘鍊垂直思考、自由水平思考和創意資料庫搜尋，反覆觀察創意、想像創意和表現創意，得以熟練垂直和水平思考脈絡，學會應用創意資料庫，如圖1「基礎級創意賣味單構想」。

創意賣味	創意單元	觀察創意	想像創意	創意表現
基礎級創意賣味單	1. 我的創意名片	觀察創意名片	想像職業特色	創意表現自己的名片
	2. 錘鍊垂直思考	觀察 ALESSI	仿生邏輯聚斂思考	創意表現餐具設計
	3. 自由水平思考	觀察遊玩現象	擴散自由聯想	創意表現玩具設計
	4. 創意資料庫搜尋	觀察創意爆量資料庫	垂直水平思考	自由創意表現

學習觀察、想像和表現　→　熟練垂直和水平思考脈絡　→　學會應用創意資料庫

▲ 圖1　基礎級創意賣味單構想

貳 進階級創意賣味單構想

進階級創意賣味單構想主要是配合第四章和第五章設計，透過SCAMPER飛馳檢核表法和蓮花綻放法所設計的創意賣味單，包括：飛馳SCAMPER、創意設計策略和蓮花綻放法。反覆觀察創意募資平台爆量募資案件、創意資料庫和各種社會現象，套用SCAMPER檢核表、創意策略法則對照表、九宮格發想等各種發想工具表格，具體搜尋觀察案例後，反思想像自己認可的創意案例，可以如何表現創意，如圖2「進階級創意賣味單構想」。

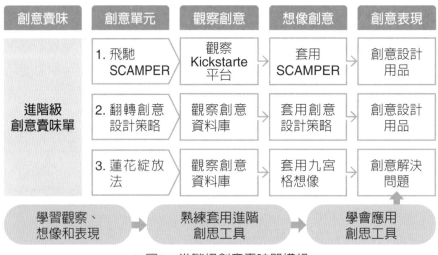

▲ 圖2　進階級創意賣味單構想

參 應用級創意賣味單構想

應用級創意賣味單構想主要是配合第六、七、八章設計，透過屬性列舉法、型態分析法和NM類比法所設計的創意賣味單，必須熟練垂直和水平創意思考策略，反覆觀察創意資料庫的創意資訊和社會現象，套用各種發想工具表格，並擅於具體搜尋觀察案例後，依照各種

創意技法，反思想像如何表現自己整合創造的創意，進行創意設計。如圖3「應用級創意賣味單構想」。

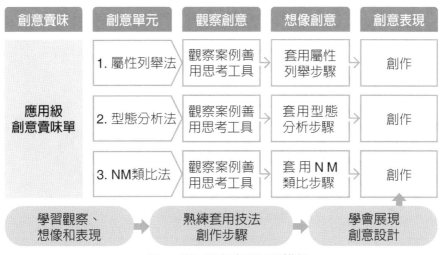

▲ 圖3　應用級創意賣味單構想

　　經常練習這十個「創意賣味MY WAY 10 KEYS」你會發現自己在創意思考和創意設計的功力，猶如見山是山、見山不是山、見山又是山的奧妙歷程，創意點子滾滾而來，似乎是流暢、變通、獨創、精密又敏覺到：YES，創意MY WAY！

　　在進行創意賣味單的構思時，無論是自己或小組，擅長記錄或是繪畫下來的創意會是贏家，隨時可以認知到每個當下的基礎功力、進階功力和應用功力，完成十個創意賣味單後，彷彿看見自己創意思考的發想潛能、創意解決問題的翻轉歷程、創意技法展現的作品產出，以及從觀察想像和創意表現，昇華設計思考的正向能量，生活會曼妙無比！

肆 創意賣味單

創意賣味單 1：我的創意名片

創作者：　　　　　　　　　　　　　　　　作業設計者：沈翠蓮教授

一、觀察下列名片

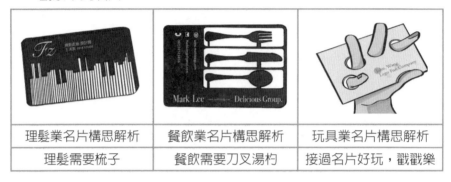

理髮業名片構思解析	餐飲業名片構思解析	玩具業名片構思解析
理髮需要梳子	餐飲需要刀叉湯杓	接過名片好玩，戳戳樂

二、再思創意構思

理髮業名片構思解析	餐飲業名片構思解析	玩具業名片構思解析
理髮需要梳子	餐飲需要刀叉湯杓	接過名片好玩，戳戳樂
再思：理髮還需要什麼	再思：餐飲還需要什麼	再思：曾經玩過什麼
理髮－梳子－ ？－？－？	餐飲－刀叉湯杓－ ？－？－	玩－戳戳樂－ ？－？－？
繪製圖像	繪製圖像	繪製圖像

三、選擇創思

▶ 文字接龍範例：玩－戳戳樂－丟球－跳繩－躲貓貓－打彈珠－
打橋牌－桌遊－跳格子

▶ 創意思考範例：名片是可以像**跳繩**，長長的、捲起來、可以
甩，攤開看是名片。

▶ 我的文字接龍：

▶ 我的創意思考：

四、表現創意名片圖譜

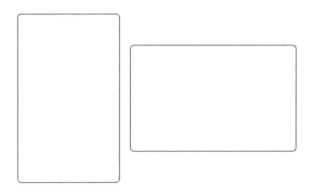

創意解說

創意賣味單 2-1：錘鍊垂直思考～仿生總動員

創作者：   作業設計者：沈翠蓮教授

一、觀察：尼斯湖水怪泡茶器怎麼設計出來

二、再思：怎麼設計許多有趣作品

第一幅：對象（尼斯湖水怪兄妹）	第二幅：動作（尼斯湖水怪可以打開肚子藏茶葉）	第三幅：用處（尼斯湖水怪可以放進茶杯泡茶）
▶ 生物：動物、植物 ▶ 動物：陸生和水生動物 ▶ 結黨：兄妹黨、姊弟黨、家族黨、黑手黨、金光黨……	▶ 打開：金腦袋、心臟、腸道、金手指、鍋蓋、基因祕密…… ▶ 藏：糖果、巧克力、戒指、髮飾……	▶ 放進那裡做什麼？放進被窩溫暖、放進球袋好用、放進湯鍋保溫、放進池塘撈魚、放進滑鼠亮光……

三、仿思：垂直思考什麼對象＿＿＿＿＿，打開＿＿＿＿藏著什麼＿＿＿＿＿，
　　放在＿＿＿＿有什麼用處＿＿＿＿＿

1. 公雞打開雞冠藏著巧克力，放進生日禮盒送給生肖屬雞的人做
　　禮物。

2. 水母打開腰藏著LED，放到廚房當燈具。

3. 換你想想看，仿照生物特性，一邊構想、一邊可以繪畫出來，
　　如尼斯湖水怪泡茶器的對象、動作、用處等三個垂直思考歷
　　程。請寫出至少兩個生物的垂直思考。

4.

5.

四、表現創意：我的創作圖

第一幅說明：對象	第二幅說明：動作	第三幅說明：用處
命名	命名	命名

創作者：　　　　　　　　　　　　　　　作業設計者：沈翠蓮教授

一、觀察：請利用感覺聯想填滿表格

看見蛇	樹	書	燈					
看見								
聽到	雞叫聲	喵喵						
聽到								
聞到	花香							
聞到								
吃到	蛋							
吃到								
觸摸	冰冰的							
觸摸								

二、歸納：請將表格聯想的詞，盡可能找出相關性的分類和命名
　　例如：蛇＋蛋＋花香＋喵喵＋燈→告白路燈
　　1.
　　2.
　　3.

三、推論：請將這些分類下個標題和推論意義

例如：**告白路燈**：燈柱有著彎曲的蛇形＋燈罩有著蛋白、蛋黃明顯區分接受告白與否＋BINGO按鈕兩情相悅就會散發出香味＋BINGO按鈕無法兩情相悅就會發出喵喵聲＋BINGO按鈕最後無論兩情相悅與否，都會有溫暖的燈光。

1.

2.

3.

四、應用：請你想想這些分類後下的標題和推論意義，可以應用到哪裡？故事、產品、廣告……，請把構想寫下和繪圖出來

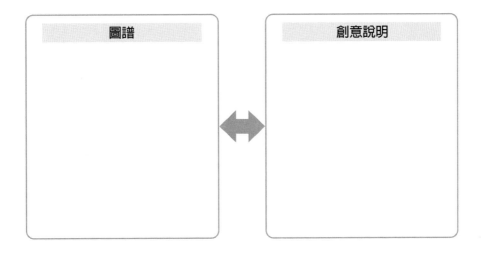

創意賣味單 3：自由水平思考

創作者：   作業設計者：沈翠蓮教授

一、定主題關鍵字：例如手機殼、闖關遊戲、靜、淨、玩……
二、自由聯想：像太陽放射出構想點子，依序標上代碼和寫上內容或
　　繪圖

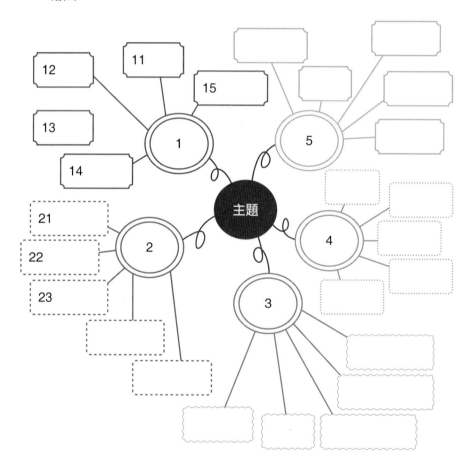

三、主題創作：依序從自由聯想找出可創作的點子

※請依照你的水平發想，圈選幾個你認爲有意義的圖或詞，繪製可能
　設計的圖譜。

1.作品名稱：
2.創作說明：

3.創作圖：

創意賣味單 4：創意資料庫搜尋與應用

創作者：   作業設計者：沈翠蓮教授

▶ 作答說明

0 、**玩和找創意**：請以一個主題關鍵字搜尋創意資料庫，Kickstarter、專利網站、抖音、自選網站，各找一個有趣的創意作品。

一、找感覺：可以從「玩和找創意」，找一個有感覺作品，寫出有感原因。

二、有知覺：寫出你對作品的1.出處和2.創意二點。

三、用物覺：1.應用水平和垂直思考；2.挑選出你最愛的創意點；3.應用到你有感覺的作品上做創意改變。

四、新悟覺：你的再知覺和物覺，評價看看新的設計，有何創意？

0、玩和找創意：　　　　主題：＿＿＿＿＿＿＿＿＿＿＿＿＿＿＿＿

創意網站	網址 （可將字級縮小到10級字）	影像截圖	作品名稱
1. Kickstarter			
2. 專利網站			
3. 抖音			
4. 自選			

一、找感覺：列出一個有感覺作品

創意網站	網址（可將字級縮小到10級字）	影像截圖	作品名稱
有感原因 可複選	□ 有相關經驗　　□ 自己興趣專長　　□ 新穎獨創 □ 其他＿＿＿＿＿＿＿＿＿＿＿＿＿＿＿＿＿＿		

二、有知覺：寫出你對作品的1.出處和2.創意點

創意網站	網址	創意點1 （描述20-30字）	創意點2 （描述20-30字）

三、用物覺

　　1.應用水平和垂直思考，2.挑選你最愛的創意點，3.應用到你有感覺的作品上做創意改變。

原作品描述	圖譜和創意說明
（一）垂直思考發想 （用手繪或電繪圖式呈現，可先繪圖畫好再貼入表格）	
（二）水平思考發想 （用手繪或電繪圖式呈現，可先繪圖畫好再貼入表格）	

（三）選用垂直和水平發想的創意點 選用垂直或水平創意思維的關鍵字或是繪圖。	
（四）新創作品圖 可以用電腦繪圖，也可以手繪圖，手繪圖請儘量描邊或是上色，然後拍照，呈現高解析度，再貼到欄位中。	

四、新悟覺：你的再知覺和物覺，評價看看新的設計，有何創意？

新悟覺作品名稱	敘述整個作品可以讓人領悟到的創意

創意賣味單 5：飛馳SCAMPER

創作者：　　　　　　　　　　　　　　作業設計者：沈翠蓮教授

➤ 作答說明：請應用垂直和水平創意思考，進行SCAMPER七個創意方法，並且進行創作。

➤ 待解決問題或需求改善理由：＿＿＿＿＿＿＿＿＿＿＿＿＿＿＿＿

➤ 作品命名 ＿＿＿＿＿＿＿，採用的是□S□C□A□M□P□E□R，請打v。

原作品設計圖或概念	應用SCAMPER 創意思考	新作品設計圖或概念
	SCAMPER	
原作品設計創意		新作品設計創意

➤ 作品命名：
➤ 創意還可以應用到哪些相關產品：

S取代：何者可與其「取代」？誰可代替？什麼事物可代替？有沒有其他的材料、程序、地點來代替？
C結合：何者可與其「結合」？結合觀念、意見？結合目的、構想、方法？有沒有哪些事物可與其他事物組合？

A調整：是否能「調整」？有什麼事物可與此調整？有沒有不協調的地方？

M修改：可否「修改」？改變意義、顏色、聲音、形式？可否擴大？加時間？較大、更強、更高？

P用作他途：利用其他方面？使用新方法？其他新用途？其他場合使用？

E消除：可否「取消」？取消何者？減少什麼？較短？有沒有可以排除、省略或消除之處？有沒有可以詳述細節、增加細節，使其因而變得更完美、更生動、更精緻的地方呢？

R重排：重新安排？交換組件？其他陳設？其他順序？轉換途徑和效果？有沒有可以旋轉、翻轉或置於相對地位之處？你可以怎樣改變事物的順序、或重組計畫、或方案呢？

創意賣味單 6：翻轉創意設計策略

創作者：   作業設計者：沈翠蓮教授

創意設計策略	案例圖示和說明	我的創作
1. 差異化 提供與其他競爭者有所差異的商品，具有附加價值，能滿足顧客的需求，進而提高市場占有率。	 水龍頭可以換成排檔鎖，讓排檔鎖水龍頭和一般水龍頭不一樣，創造更多使用樂趣。	 包包上有魔鬼氈及拉鍊，可任意拆裝，依照當天的需求或個人喜好搭配，一種包包可以有多種樣式。
2. 特色化 為了提升品牌的品質和特色，融合當地文化、歷史或技藝等資源，展現出產品的創意特徵。	 這是橘色千代蘭，博物館的小便斗發揮特色化，廁所做成「千代蘭小便斗」，展現當地文化資源特色。	 北極熊和企鵝意象的保溫水杯，當喝冰的飲料而放冰塊進去時，就像是北極熊與企鵝在保護冰塊一樣，使聯想到溫室效應，發人省思。
3. 最佳化 在一個有許多限制和條件相互衝突的環境之下，找尋一個最合適的解決方式。	 想要晚上找到插座，拉電源線插頭又能夠放心拉，不怕拉斷，插頭處設計成發光且可以勾拉的。	

創意設計策略	案例圖示和說明	我的創作
4. 模組化 產品可以區分為幾個完整部分,而每個部分之間連結的部分,都是單一標準規格,當某部分需要維修或升級,只要更換該部分即可。	 上弦月、半月和滿月茶杯組合成一個模組,很實用,想配合日期喝茶賞月,需要哪一個茶杯,隨時可以更換。	
5. 個性化 表現個體潛在特色或意識面可感受到個性表現,突顯個性、主張、主義和自我績效表達等意識,針對某些特性、特質來設計東西。	 碗分成兩半,一半放醬料,一半放麵。堅持個人要加多少醬料,再加進去麵中,連餐具都要求到精準不糊在一起。	
6. 多樣化 同時包容許多樣不同創意的構想設計,讓消費者從多種品牌中選擇產品。	 啞鈴,彈性啞鈴可硬可軟、可抓可握,加上大眼、小眼變化。	
7. 客製化 製造商讓顧客去選擇想要的產品規格,然後依照顧客的訂單,個別去作符合顧客所需的產品。	 可依照個人需求的碗筷,設計個人化產品,也可以印上個人或公司意象在上面等。	

腦袋測得出的東西叫智商，腦袋測不出的東西叫智慧；眼睛看得到的地方叫視線，眼睛看不到的地方叫視野；

　　耳朵聽得到的動靜是聲音，耳朵聽不到的動靜是聲譽；鼻子聞得到的味道叫氣味，鼻子聞不到的味道叫氣息；

　　嘴裡說得出來的話叫內容，嘴裡說不出來的話叫內涵；腳下走得到的距離叫夢想，腳下走不到的距離叫幻想；

　　手比劃出來的動作叫手勢，手比劃不出來的動作叫手段；你我做出來的創作叫創意，創意玩到家的感覺叫實踐。

　　翻轉創意設計策略需要動動五官和腦袋，更期待創意實踐。

創意賣味單 7：蓮花綻放法

創作者：　　　　　　　　　　　　　作業設計者：沈翠蓮教授

▶ 作答說明

・請從第三個九宮格開始寫，完成核心主題、延伸構想和外移構想。
・動態修正請把第二個和第三個九宮格的構想，填入表格，進行兩個作品的構想方法，表格可自行增減。

▶ 每個創意作品請依說明作答

一、第一個九宮格：寫入核心主題
二、第二個九宮格：中主題～延伸構想成另一核心主題
三、第三個九宮格：小主題～外移構想變成許多創意點子

11	12	13	21	22	23	31	32	33
18	1	14	28	2	24	38	3	34
17	16	15	27	26	25	37	36	35
81	82	83	1	2	3	41	42	43
88	8	84	8	主題	4	48	4	44
87	86	85	7	6	5	47	46	45
71	72	73	61	62	63	51	52	53
78	7	74	68	6	64	58	5	54
77	76	75	67	66	65	57	56	55

四、動態修正：動態修正有使用到的延伸構想和外移構想，請在九宮
　　格圈起來，把代號和名稱寫到下面表格。

創作目標	延伸構想 代號和名稱	外移構想 代號和名稱	構想方法 選用創意構想，如何連結現在 未有的創意表現
作品1			
作品2			

五、創意作品說明

（一）創意作品名稱

　　1. 作品一名稱：

　　2. 作品二名稱：

（二）創意點說明（條列2-3點）

作品名稱	創意點1	創意點2	創意點3
1			
2			

（三）創作圖譜

作品1正面圖

作品1反面圖

作品2正面圖

作品2反面圖

創意賣味單 8：屬性列舉法

創作者：   作業設計者：沈翠蓮教授

一、決定所要改進的對象

　　（一）蒐集要改進對象的相關產品圖，貼到下表。

圖	圖	圖	圖
名稱：	名稱：	名稱：	名稱：

　　（二）列出決定所要改進對象

　　　圖 _____，名稱 _____，作爲A卡。

二、分綱別類

　　（一）由A卡進行垂直思考（和A有直接相關）、水平思考（和A
　　　　　無直接相關），或是綜合垂直和水平思考兩者的構想。

　　（二）B卡可以自行調整數量，一般以三至八個爲原則。

三、列舉每一類別的屬性

（一）以名詞（N）、動詞（V）、形容詞（A）列出。

（二）可以是希望列舉、優缺點列舉、幻想列舉、矛盾列舉等。

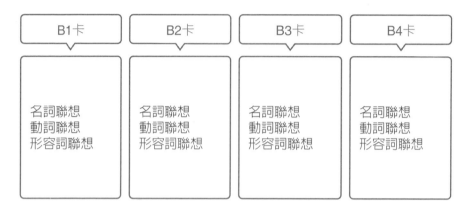

四、列舉每一部分應有而未有的屬性或功能

（一）將前述所列的名詞、動詞和形容詞填入表格中。

（二）可以是單一屬性回應到改進對象，應有而未有的創意改
進；也可以是多個屬性組合表現的創意。

（三）每個列舉後的屬性創意，可以先暫時命名。

改進對象	分類	選擇屬性	應有而未有的屬性或功能	暫時命名

五、選擇值得改善的屬性創作

　　（一）作品一名稱

作品選用屬性	作品圖譜	說明創意

　　　　（二）作品二名稱

作品選用屬性	作品圖譜	說明創意

創意賣味單 9：型態分析法

創作者：　　　　　　　　　　　　　　作業設計者：沈翠蓮教授

一、設計目標 / 對象：_____

二、獨立要素類比想像：選擇3-8個要素，移到「四、設計矩陣」寫。

三、可變參數類比想像：運用水平和垂直創意發想，越獨特越好！移到「四、設計矩陣」寫。

四、設計矩陣和選擇最佳三組方案

　　（一）矩陣總數，共有多少個構想點子

　　　　　____×____×____×____×____＝____點子

　　（二）試列矩陣：請圈選可能排列的矩陣和連線，選擇三組方案，以圓圈連結成矩陣。

要素1-	要素2-	要素3-	要素4-	要素5-
參數11	參數21	參數31	參數41	參數51
參數12	參數22	參數32	參數42	參數52
參數13	參數23	參數33	參數43	參數53
參數14	參數24	參數34	參數44	參數54
參數15	參數25	參數35	參數45	參數55
參數16	參數26	參數36	參數46	參數56
參數17	參數27	參數37	參數47	參數57

五、創意規劃一組最佳方案

　　（一）規劃包括項目，例如：每個參數置放位置、尺寸造型、使用方法、功能、時尚表現、永續性意義、特殊應用或普遍對象等。

　　（二）創意規劃可以是文字敘述或圖譜呈現。

要素1-	要素2-	要素3-	要素4-	要素5-
參數_____	參數_____	參數_____	參數_____	參數_____
創意規劃	創意規劃	創意規劃	創意規劃	創意規劃

六、創意作品圖和型態創意說明

　　（一）創意作品整體型態圖

　　（二）創意作品特殊型態圖

　　（三）作品創意說明

創意賣味單 10：NM類比法

創作者：   作業設計者：沈翠蓮教授

▶ 一般類比法：作為NM類比法創作的基礎

一、USB類比想像

類比產品	類比定義和例子	新產品圖片
USB USB	**直接**類比：兩種不同事物，彼此加以譬喻或類推，以產生新奇的概念。 USB：船艦＝船艦：航行＝航行：飛翔＝…… A：B＝B：C＝C：D＝……	
USB USB	**擬人**類比：個人意識投射到特定的物體或想法上，以產生新奇的概念。 假如我是USB，我希望像豆莢一樣可以打開和合起來。 假如我是……，我希望……	
USB USB	**矛盾**類比：運用兩個矛盾衝突的特徵或似乎無關聯的詞組合在一起，經過精簡壓縮矛盾不協調，以產生新奇的概念。 USB//虱目魚和積木 USB//A和B	積木 USB孔 魚
USB USB	**狂想**類比：以不尋常、牽強附會的去想像問題，以產生新奇的概念。 假如USB有鼻子，就會聞到香味而啟動。 假如……，就會……	野獸-USB 肉＝插槽

二、類比產品和新想像產品：可以每一個都是不一樣的產品

類比產品	類比定義和例子	新產品圖片
	直接類比：兩種不同事物，彼此加以譬喻或類推，以產生新奇的概念。 A：B＝B：C＝C：D＝……，請寫出你的類比	
	擬人類比：個人意識投射到特定的物體或想法上，以產生新奇的概念。 假如我是……，我希望……，請寫出你的類比	
	矛盾類比：運用兩個矛盾衝突的特徵或似乎無關聯的詞組合在一起，經過精簡壓縮矛盾不協調，以產生新奇的概念。 A和B，請寫出你的類比	
	狂想類比：以不尋常、牽強附會的去想像問題，以產生新奇的概念。 假如……，就會……，請寫出你的類比	

➤ NM類比法

一、KW（key word）

　　（一）創作物：＿＿＿＿＿＿＿＿＿

　　（二）KW（關鍵字）：1. ＿＿＿＿＿、2. ＿＿＿＿＿、3. ＿＿＿＿＿

二、QA（question analogy）

　　尋找類比～聯想——直接／擬人／矛盾／幻想類比，列出聯想類比的句子。

關鍵字	關鍵字類比內容	採用類比方式 打v
1		□直接　□擬人 □矛盾　□幻想
2		□直接　□擬人 □矛盾　□幻想
3		□直接　□擬人 □矛盾　□幻想

三、QB（question background）

　　思考要表現類比情境的背景～整體有哪些技術和創意，列出創意背景的構想。

　　（一）_____ 像 _____，可表現技術和創意構想為 ___。

　　（二）_____ 可以 _____，可表現技術和創意構想為 ___。

　　（三）_____ 希望 _____，可表現技術和創意構想為 ___。

四、QC（question conception）

　　（一）將構想加以具體展現的脈絡步驟，可以用樹狀圖、階層圖、心智圖、蜘蛛圖……完整畫出創意背景所要表現的概念。

　　（二）可以繪製各結構圖和標示重要創意點。

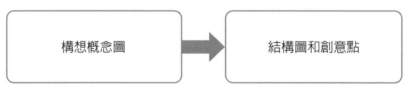

五、QA（question action）

　　1. 作品命名

　　2. 作品創意

　　3. 作品完成圖

參考書目

大人物（2021）。**2020東京奧運動態圖標超級變變變！廣村正彰、井口皓太打造奧運首創動圖**。取自https://www.damanwoo.com/node/93753。

王秀槐（2011）。**想像力在教育歷程上的培育與評估**。國科會補助專題研究計畫成果報告（NSC 98-2511-S-003-007-MY2）。

江麗美譯、Edward de Bono原著（1996）。**六頂思考帽**。台北：桂冠出版社。

台中觀光旅遊網（2018）。**宮原眼科**。取自https://travel.taichung.gov.tw/zh-tw/Attractions/Intro/793/。

有‧設計（2021）。**風格筆記：文具手札**。取自https://udesign.udnfunlife.com/mall/cus/cat/Cc1c01.do?dc_cateid_0=C_041

沈翠蓮（2018）。**創意原理與設計**。台北：五南圖書公司。

沈翠蓮、王婷宜（2021）。**NM類比創意設計**。國立虎尾科技大學創意思維與設計期末報告。

沈翠蓮、甘俊允、林孟君、陳彥廷（2015）。**蓮花綻放法期末報告**。國立虎尾科技大學創意思維與設計期末報告。

沈翠蓮、石峻傑（2021）。**NM類比創意設計**。國立虎尾科技大學創意思維與設計期末報告。

沈翠蓮、卓孟勳、黃怡瑜（2015）。**類比和SCAMPER報告**。國立虎尾科技大學創意與思考課程期末報告。

沈翠蓮、吳宜臻（2020）。**屬性列舉法創意設計動物露營燈**。國立虎尾科技大學創意思維與設計期末報告。

沈翠蓮、陳滋妤（2020）。**屬性列舉法創意設計烏龜花燈**。國立虎尾科技大學創意思維與設計期末報告。

沈翠蓮、程日君（2016）。**蓮花綻放法創意設計孔雀吉祥茶包**。國立虎尾科技大學創意思維與設計期末報告。

沈翠蓮、雲歆詥（2020）。**童子切安綱**。國立虎尾科技大學創意思維與設計期末報告。

李宸馨（2017）。**不再需要試衣間！智能鏡「MemoryMirror」結合數據與社群，創造買賣雙贏**。取自https://www.smartm.com.tw/article/33383638cea3。

佛蘭克赫爾（2014）。**塔木德─猶太人的致富聖經**。台北：智言館出版社。

途遊旅行（2016）。**全球最具創意的公共座椅，令人稱奇！**取自https://kknews.cc/zh-tw/design/bn8q8m.html。

張春興（2007）。**張氏心理學辭典**。台北：東華書局。

維基百科（2018）。**精靈寶可夢GO**。取自https://zh.wikipedia.org/wiki/%E7%B2%BE%E9%9D%88%E5%AF%B6%E5%8F%AF%E5%A4%A2GO。

嘖嘖募資平台（2020）。**Meteo流光學習鋼琴**。取自https://www.zeczec.com/projects/meteo

嘖嘖募資平台（2021）。**nuboPod珍奶藍鯨吸管**。取自https://www.zeczec.com/projects/nubopod。

賴許刈譯、Philippa Rice原著（2016）。**Soppy愛賴在一起**。台北：橡樹林出版社。

劉原豪（2020）。**六重溪部落設計思考**。國立雲林科技大學原住民社區設計專論期末報告。

MBA智庫百科（2021）。**什麼是知覺**。取自https://wiki.mbalib.com/zh-tw/%E7%9F%A5%E8%A7%89

Beer, M., & Nohria, N. (Eds.). (2000). *Breaking the code of change*. Boston: Harvard Business School Press.

Bossidy, L., & Charan, R. (2002). *Execution: The discipline of getting things done*. New York: Crown Business.

Boden, M. A. (1995). What is creativity? In M. A. Boden (Ed.). *Dimensions of creativity* (pp. 75-117). Cambridge, MA: MIT Press.

Buzan, T., (2018). *Mind map mastery: The complete cuide to learning and using the most powerful thinking*. london: Watkins Publishing Ltd.

Carson D. K., & Runco M. A. (1999). Creativity problem solving and problem finding in young adults: Interconnections with stress, hassles and coping abilities. *Journal of Creative Behavior, 33*,167-190.

Crawford, R. P. (1979). *Direct creativity: with attribute listing*. NZ: Fraser Books Publishing.

Geary, D. C. (2005). *The origin of mind: Evolution of brain, cognition, and general intelligence*. Washington, DC: American Psychological Association.

Getzels, J. W., & Csikszentmihalyi, M. (1976). *The creative vision: A longitudinal study of problem finding in art*. New York: JohnWiley & Sons.

Gryskiewicz & D. A. Hills (Eds.) *Readings in innovation* (pp. 99-135). Greensboro. North Carolina: Center for Creative Leadership.

Isaksen, S. G. (1995). CPS: Linking creativity and problem solving. In G. Kaufmann, T. Helstrup, & K. H. Teigen (Eds.). *Problem solving and cognitive processes: A festschrift in honour of Kjell Raaheim* (pp. 145-181). Bergen-Sandviken, Norway: Fagbokforlaget Vigmostad & Bjørke AS.

Isaksen, S. G., Dorval, K. B., & Treffinger, D. J. (2000). *Creative approaches to problem solving: A framework for change*. Dubuque, Iowa: Kendall/Hunt.

Lothane, Z. (2007). Imagination as reciprocal process and its role in the psychoanalytic situation. *International Forum of Psychoanalysis, 16*,152-163.

Mind Tools (2018). *SCAMPER Infographic*. Retrieved from https://www.mindtools.com/pages/article/SCAMPER-infographic.htm

Mumford, M. D., Medeiros, K. E., & Partlow P. J. (2012). Creative thinking: Processes, strategies, and knowledge. *The Journal of Creative Behavior, 46*(1), pp. 30-47.

OTOTO Design (2021). *Shop all*. https://www.ototodesign.com/

Ritchey, T. (2021). General morphological analysis. A general method for non-quantified modeling. Retrieved from https://www.swemorph.com/ma.html. https://www.swemorph.com/pdf/gma.pdf

SEARCHING (2021). *Vitastiq 2 維生素檢測筆第二代*。取自：https://searchingc.com/collections/vitastiq-2/

Shark Tank (2021). *My name is Nicoleta*. Retrieved from https://www.sharktank.com.tw/collections/lighting/products/skitso-br-my-name-is-nicoleta

Treffinger, D. J., Isaksen, S. G., & Dorval, K. B. (2003). *Creative problem solving (CPS Version 6.1*^{TM}*) a contemporary framework for managing change*. Buffalo, NY.

Treffinger, D. J., Selby, E. C., & Isaksen, S. G. (2008). Understanding individual problem-solving style: A key to learning and applying creative problem solving. *Learning and Individual Difference, 18*, 390-401.

Wiki (2021). Rorschach test. Retrieved from https://en.wikipedia.org/wiki/Rorschach_test

Woodman, R. W., Sawyer, J. E., & Griffin, R. W. (1993). Toward a theory of organizational creativity. *Academy of Management Review, 18*, pp. 293-321.

▌參考網站資訊

Google（https://www.google.com/search?）

iF（https://ifworlddesignguide.com/）

Kickstarter（https://www.kickstarter.com/）

OTOTO（https://udesign.udnfunlife.com/mall/）

Red Dot（https://www.red-dot.org/）

嘖嘖（https://www.zeczec.com/projects/）

愛稀奇（https://world.taobao.com/dianpu-amp/35301920.htm）

▌創意新知資訊

‧加拿大發明一款誘魚神器，造福了全球釣魚人！取自 https://kknews.cc/news/ognnvr5.html

‧「360度洗澡神器」讓毛小孩愛上洗澎澎。取自 https://486word.com/page.php?pageid=JCUzIyE=&id=JCUxOTMzIyE=

‧Tech Tats ：紋身一樣的可穿戴設備。取自 https://kknews.cc/zh-tw/digital/lkeo8b.html

‧Tech Tats 。取自https://www.postscapes.com/conductive-ink-tattoos-tech-tats/

- Wearables Technology into Electronic Tattoos. Retrieved from https://www.engineersgarage.com/tech-tats-innovative-transformation-of-wearables-technology-into-electronic-tattoos/
- 世界上第一款指尖電子輪尺，可360度測量任何物體，取代傳統捲尺。取自 https://kknews.cc/news/x2jvj98.html
- 全世界第一家無塑超市，荷蘭超市這樣賣肉。取自https://csr.cw.com.tw/article/40323?utm_source=CSRweb&utm_medium=link&utm_campaign=link
- 無塑轉型只要10週　英國超市的永續祕訣。取自https://csr.cw.com.tw/article/40668
- 英國超市「無包裝」減塑實驗　連啤酒也能自備容器帶回家。取自 https://csr.cw.com.tw/article/41013
- 大腦Wi-Fi讓癱瘓猴子行走自如，十年內可用於人體。取自 https://kknews.cc/science/6kpn53l.html
- 壓縮空氣車。取自 https://zh.wikipedia.org/wiki/
- 不燒油不費電！印度「空氣汽車」充飽能跑200公里。取自 https://www.ntdtv.com.tw/b5/20181009/video/231549.html

國家圖書館出版品預行編目資料

創意技法 ： 設計思考攻略/沈翠蓮著. -- 初
版. -- 臺北市 ： 五南圖書出版股份有限公
司, 2022.03
　面；　公分
ISBN 978-626-317-573-0(平裝)
1.CST: 創意 2.CST: 教學法
521.4　　　　　　　　　111000804

1I4Z

創意技法：設計思考攻略

作　　　者 ─ 沈翠蓮（103.1）

發 行 人 ─ 楊榮川

總 經 理 ─ 楊士清

總 編 輯 ─ 楊秀麗

副總編輯 ─ 黃文瓊

責任編輯 ─ 李敏華

封面設計 ─ 王麗娟

出 版 者 ─ 五南圖書出版股份有限公司

地　　　址：106臺北市大安區和平東路二段339號4樓

電　　　話：(02)2705-5066　　傳　　真：(02)2706-6100

網　　　址：https://www.wunan.com.tw

電子郵件：wunan@wunan.com.tw

劃撥帳號：01068953

戶　　　名：五南圖書出版股份有限公司

法律顧問　林勝安律師事務所　林勝安律師

出版日期　2022年3月初版一刷

定　　　價　新臺幣450元

經典永恆・名著常在

五十週年的獻禮 —— 經典名著文庫

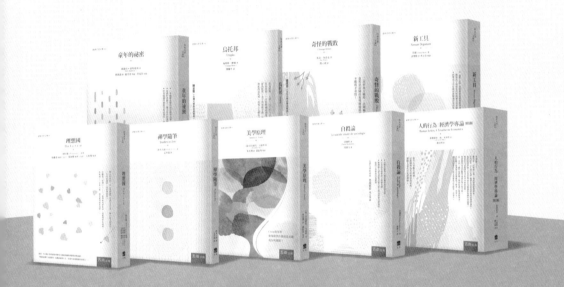

五南，五十年了，半個世紀，人生旅程的一大半，走過來了。
思索著，邁向百年的未來歷程，能為知識界、文化學術界作些什麼？
在速食文化的生態下，有什麼值得讓人雋永品味的？

歷代經典・當今名著，經過時間的洗禮，千錘百鍊，流傳至今，光芒耀人；
不僅使我們能領悟前人的智慧，同時也增深加廣我們思考的深度與視野。
我們決心投入巨資，有計畫的系統梳選，成立「經典名著文庫」，
希望收入古今中外思想性的、充滿睿智與獨見的經典、名著。
這是一項理想性的、永續性的巨大出版工程。
不在意讀者的眾寡，只考慮它的學術價值，力求完整展現先哲思想的軌跡；
為知識界開啟一片智慧之窗，營造一座百花綻放的世界文明公園，
任君邀遊、取菁吸蜜、嘉惠學子！